大夏书系·教育人生

先生当年

XIANSHENG DANGNIAN
Jiaoyu de Chennian Jiushi

教育的陈年旧事

王木春 著

华东师范大学出版社

上海著名商标

ECNUP

全国百佳图书出版单位

图书在版编目（CIP）数据

先生当年：教育的陈年旧事 / 王木春著 .—上海：华东师范大学
出版社，2016
　ISBN 978-7-5675-5623-2

　Ⅰ.①先 … Ⅱ.①王 … Ⅲ.①教育家—生平事迹—中国　Ⅳ.① K825.46

中国版本图书馆 CIP 数据核字（2016）第 198496 号

大夏书系·教育人生

先生当年
——教育的陈年旧事

著　　者	王木春
策划编辑	朱永通
审读编辑	齐凤楠
封面设计	奇文云海·设计顾问

出版发行	华东师范大学出版社
社　　址	上海市中山北路 3663 号　邮编　200062
网　　址	www.ecnupress.com.cn
电　　话	021－60821666　行政传真　021－62572105
客服电话	021－62865537
邮购电话	021－62869887　地址　上海市中山北路 3663 号华东师范大学校内先锋路口
网　　店	http://hdsdcbs.tmall.com

印 刷 者	北京密兴印刷有限公司
开　　本	700×1000　16 开
插　　页	1
印　　张	15.5
字　　数	191 千字
版　　次	2017 年 1 月第一版
印　　次	2019 年 11 月第三次
印　　数	10 101-12 100
书　　号	ISBN 978-7-5675-5623-2/G·9771
定　　价	35.00 元

出 版 人	王　焰

（如发现本版图书有印订质量问题，请寄回本社市场部调换或电话 021-62865537 联系）

目　录

序一　先生当年__001

序二　"过去竟然是这样啊……"__007

第一辑　当年教育

"打孩子"的古风__003

过去的学校仪式__005

民国教师的业余时间__008

一人教书，养活九人__011

"家贫无奈作先生"__014

"这样的教育十分有用"__017

民国的学校图书馆__020

严正的一课__023

父亲的教育__026

了不起的祖母__029

"智者的旅店"__033

"出气孔"里的寂寞__036

张伯苓的"三个一"教育法__039

"黄调"__042

陈独秀写"妙文"__045

好玩的数学__048

书在肚子里__*050*

土匪的字条__*053*

苏步青学外语__*056*

且看季羡林"赤条条地走上舞台"__*059*

办公桌的故事__*063*

黄侃与"有偿家教"__*066*

大学的"尊严"__*070*

第二辑　先生风骨

"硬汉教师"__*075*

程千帆的"损失"__*078*

"不将就"的吴组缃__*082*

李长之的手__*086*

"最后的一课"__*090*

退　款__*093*

朱东润"惹祸"__*096*

"复旦二周"__*099*

第三辑　先生气度

深深的体谅__*105*

陈西滢家有一尊石膏像__*108*

不争的柳诒徵__*111*

大师的"虚怀若谷"__*114*

胡博士题字__*117*

高锟校长有雅量__*121*

002

先生当年
教育的陈年旧事

教育者的胸襟__123

从顾颉刚到葛剑雄__126

372字的大师自传__129

"不居功"__132

第四辑　先生情怀

老北大的"酒先生"__137

"贾宝玉精神"__140

"真公子"张伯驹__143

叶圣陶两次"被冒名"__146

大学者的涂鸦__148

民国名家与胡子__151

大师的送客__154

傅斯年赠书__157

钱穆的无奈__160

启功的"恩"师__163

沈从文鲜为人知的恩人__166

冰心眼中的好男人__169

做小事的大人物__172

教授的书房__176

第五辑　先生命运

不过一书生　181

愁眉苦脸的顾颉刚　184

"为道文章不值钱"　187

名人与谶语　190

"命大"的史学家　193

忘了自己是谁　196

名人与"抄书"　198

读启功"1966年日记"　201

差点儿成了邮政员　204

沈从文的"蛮劲"　207

语录的妙用　210

附录 · 先生教书生活

从苦雨愁城到长堤垂柳　213

"不务正业"的好老师　220

后　记　227

序一　先生当年

傅国涌

　　起源于 20 世纪初的新式教育还保持着悠久农耕文明的温情，同时又有了工业文明带来的最初的新鲜。文明过渡期在教科书中呈现出的不是激变，而是渐变；不是冲突，而是兼容；不是断裂，而是延续与生长；不是焦虑、不安、高调的，而是安静、单纯和低调的。教育本来就是春风化雨式的，不是秋风扫落叶式的，新式教育的方向稳健、平和、踏实，但最初决定着教育方向的是有旧学根底同时又面朝新时代的那些人，从蔡元培、张元济、张伯苓到胡适之、陶行知这些人都是如此。

　　蔡元培、张元济分别是 1868、1867 年生人，都是从旧学中熏陶出来的，以进士、翰林的身份投身教育和出版事业，他们从 20 世纪初开始参与了最初的教科书编辑，对于建构中国现代教育的贡献自是不言而喻。比他们晚一辈的胡适之、陶行知、晏阳初、叶圣陶、钱穆他们则是 1890 年代出生，只上过中学的叶圣陶、钱穆和留美归来的陶行知、晏阳初都曾是小学老师，曾致力于乡村教育或平民教育，叶圣陶和陶行知在不同的时空中不约而同地将教育看作是将一个古老国家带入民主的基础。1911年12月2日叶圣陶在日记中记着，他不愿听父亲的话去考时兴的电报学堂，而想通过从事教育来影响人心，他对同学顾颉刚说：

> 今世人心，固执者尚其大半，无定者亦非少数，似此任之不顾，终难相成此大民主国。而欲革人心，自非口笔不能。……此身定当从事于社会教育，以改革我同胞之心，庶不有疚于我心焉。

此时正在辛亥革命当中，苏州已然独立，民国即将诞生，他也恰好中学毕业，在选择前途。相距五年，1916年2月，在美国留学的陶行知给哥伦比亚大学师范学院院长写信说：

> 余今生之唯一目的在于经由教育而非经由军事革命创造一民主国家。鉴于我中华民国突然诞生所带来之种种严重缺陷，余乃深信，如无真正之公众教育，真正之民国即不能存在。……余将回国与其他教育工作者合作，为我国人民组织一高效率之公众教育体系，以使他们能步美国人民之后尘，发展和保持一真正之民主国家，因此乃唯一能够实现的正义与自由的理想之国。

一年后他学成归来，在太平洋的轮船上表示，自己的志愿就是要使全国人民有受教育的机会。这与一辈子致力于平民教育的晏阳初的思路也是一致的。叶圣陶、钱穆一面做小学教师，一面写作、研究，成绩斐然。从1912年到1922年，叶圣陶在中小学任教的十年间发表大量文言小说、白话小说、童话、评论、诗歌，还从事篆刻、编辑等。以1921年为例，短短的一年间他辗转吴县县立第五高等小学、中国公学中学部、浙江第一师范三校,一边参与发起组织"文学研究会",担任《小说月报》和《晨报副刊》撰稿人,发表了《隔膜》等短篇小说22篇,"文艺谈"40篇,童话10篇,独幕剧、诗歌、杂文等20多篇(首)。(参见《先生当年》,008页)

钱穆也是如此,他的著作《论语文解》就是在小学教书时写出来的。重要的学术著作《先秦诸子系年》《刘向歆父子年谱》也是他在江苏省无锡第三师范学校和苏州中学任教时完成的。那个时代的先生,起码还有许多闲暇时光,课堂以外的时间是属于他们自己的,他们可以尽情地在自己最感兴趣的领域耕耘,挥洒他们的汗水,追逐他们的梦想。他们在课堂上可以是好老师,但不妨碍他们业余成为好作家、好学者。即便时局动荡,社会上升的渠道始终还是畅通的。生于1913年的孙犁年轻时做过几年小学教师,1936年到1937年他在白洋淀一带教小学,这段经历与他后来以白洋淀为背景的小说不会没有关联。

王木春对叶圣陶、孙犁他们当年的生活心向往之,因此有了这本《先生当年》。他也是一位中学语文教师,我第一次见到他是在2012年盛夏,《教师博览》在东山岛举行笔会,那是他的故乡,也是他任教多年的地方,那次笔会,就是他作为东道主安排的,他带着我们去东山岛上的各处名胜,享受天光海色。"病树前头万木春",一个好记的名字,加上他腼腆的笑容,说着说着脸上还会出现红晕,一见就感到亲切。他好学、爱读书和谦逊的性格,都给我留下好印象。上个月,我接到他一个短信,问是否方便接电话,有事找我,接通电话,他告诉我写了一本书,叫作《先生当年——教育的陈年旧事》,即将由华东师范大学出版社出版,想要我写序。接着他把书稿发过来了。老实说,这本书的范围已跨出了教育,更准确地说是关于知识分子的陈年旧事,但有一点似乎可以确定,书中涉及的先生大部分都可以算是民国教育的产物,他们的基础教育或大学教育是在那个时代完成的,多数人也是在那个时代开始从事教育,曾经站在民国的讲台上,虽然有些故事发生在此后。

木春注意到了《中华民国史档案资料汇编》军事篇中的几份"战报"，1946《国民党第四十九师第七十九旅文礼部进犯如皋及其东南地区战报》，以及1947年山东孟良崮战役中《国民党第一兵团在鲁中蒙阴孟良崮地区狙击解放军遭受惨败战报》，惊叹那些电稿中非同寻常的文字表现力，显示出一位有眼光的语文教师对汉语的敏感和关切。令我感慨的是他的目光没有停留在回忆录、人物传记或现成的研究性著作上，他读了民国元年九月初三《教育部公布学校仪式规程令》，发现当年学校的仪式规程简洁，而又十分注重礼节，每次活动必有学生鞠躬、教师答礼。他又在台湾旅美作家王鼎钧先生笔下，读到了具有现场感的记忆，丰富了有关民国学校仪式的认识。（见《先生当年》，006页）

最近这些日子我在山上闲居，山顶有湖，漫步湖畔，我常想及中国教育的现代起源，我关心的是肇始于晚清的新式教育或东西洋留学生涯是如何重构了几代人的知识世界和精神生命，张伯苓、陈独秀、鲁迅、胡适、徐志摩、宗白华、顾颉刚、叶圣陶、钱穆、黄侃、梁漱溟、闻一多、朱东润、陈鹤琴、金克木、季羡林、启功、谭其骧、李长之、程千帆、吴组缃……书中所涉及的先生，已不仅是子曰诗云的产物，不是整天陷在"为万世开太平"这样古老的大词大话之中，而是融入了建造新文明的新潮流之中。虽然各人的价值取向或有不同，但在他们身上都可以看到新的因子，就是胡适留学美国时耿耿于心的"新造因"。1916年1月11日，他写信给女友韦莲司，提出这个说法，认为如果缺乏必备的先决条件，政治就可能上轨道。无论是主张君主制还是共和制，都救不了中国。他认定，自己的职责就在于准备这些先决条件，即新造因。1月25日夜，他在写给同乡、同学许怡荪的信中有更进一步的论述，就是要从根本下手，"为祖国造不能亡之因，庶几犹有虽亡而终存之一日耳。适以为今日造因之道，首在树人；树人之道，端赖教育。故适近来别无奢望，但求归国后能以一张苦口，一支秃笔，从事于社会教育，以为百年树人之计：如是而已。"

木春进一步关心这些先生学成之后，又是如何透过教育来推动这个古老民族的文明更新的。在这方面，"九零后"这一代的胡适、叶圣陶、陶行知、晏阳初等无疑有过许多思考，并付诸了实践，他们在20世纪中国教育史上留下的痕迹抹也抹不掉。木春还关心那些名声并不显赫，却扎扎实实投身基础教育，做着春风化雨工作的人。木春注意到了江苏镇江一个小学校长刘百川的日记，那些具体而微的细节，比如对课桌椅尺寸的关注，绝非可以忽略。小处着手，大处着眼，教育的生命正是体现在细节中。教育毕竟不是空中的事业，而是脚踏实地、得寸进寸的事业。我们不能指望天上掉馅饼，也不可能毕其功于一役，只能一步一个脚印，渐进、缓进，教育需要假以时日，在时间中慢慢影响世道人心。

不能触及灵魂的教育只是停留在教育的表面，一个时代的教育如果孕育出了姿态各异、生龙活虎般的各样人物，那个时代的教育就值得我们反复回望、致敬。民国虽短，而且时局动荡，却具备了被后世尊敬的元素。木春的这本系列笔记，不仅是对那些先生的致敬，更是对一个时代的致敬。我写下的这些话，也同样可以这么看。

民国教育当然不是完美的教育，从来都有缺陷，不必说丰子恺漫画中的那把大剪刀，那一个个模子铸出来的人偶。木春的《从苦雨愁城到长堤垂柳——孙犁的小学教职生涯》一文，透过孙犁的回忆，画出了丑态百出的小学教师群像。1933年出生的流沙河先生在《民国教师心里苦》的回忆中，则又提供了另外一幅同样真实的画面。民国教育是丰富的，也是复杂的，从来都不是一潭澄碧的清水。

2016 年 8 月 14 日—15 日初稿，
8 月 19 日夜定稿于白马山上白马湖畔

序二 "过去竟然是这样啊……"

朱 煜

　　刚读完木春兄去年惠赠的三本关于民国教育的新书，就收到了《先生当年——教育的陈年旧事》的电子稿。蒙木春兄抬爱，要我作序。这当然是我的荣幸，希望我以下粗陋文字不要坏了书稿的清雅。

　　2009 年暑假，我去南昌参加《教师博览》杂志的笔会。我到得晚，独自吃过晚饭，去找蔡朝阳兄聊天。我们是网友，之前没见过面。在朝阳的房间里，我也第一次见到安静的木春兄。

　　"我是上海朱煜。"

　　"我是福建东山王木春。"

　　现在想来，我们的自我介绍好像有点民国味道。

　　那天晚上，主要是我和朝阳在说话，天南地北，时事政治，读书心得，如此而已。木春兄一直在为我们泡茶。那是我第一次领略福建人泡茶的功夫。一套旅行茶具，素净雅致。倒水、烫杯、醒茶、泡茶、斟茶、续水……木春兄娴熟的泡茶手法在我眼中，宛如高妙的艺术。我见过茶道表演，与木春兄相比，那实在做作。泡茶间歇，木春兄偶尔慢悠悠地插话。那天具体说了什么，现在都已忘记。第二天开会，会后我先行离开了。

过了两年，某次我在一家杂志上发表了文章，杂志社寄来样刊。那天，我正好去单位传达室，保安师傅递给我一个快递，问："朱老师，我们学校有这个人吗？"我接过一看，收件人处写着"王木春"。再看杂志名称，我一下子明白了。寄样刊的杂志社将我与木春兄的通讯地址搞混了。那次，我和木春兄的文章刊登在同一期杂志上。

世界真小。某日与朱永通君聊天，他是拙著《讲台上下的启蒙》《教书记》的策划编辑。聊着聊着，不知怎的，提到了木春兄。永通君笑着说："木春是我的同乡，多年的好友哦。"匆匆几年，2013年寒假，我登上东山岛，又见到了木春兄。东山岛真是好地方。一出门，上面是湛湛青天，下面是无边碧海。坐在细软的沙滩上，看青翠的树丛，听海涛阵阵，心会很静很静。我在东山岛住了两天，木春兄伉俪和永通君热情款待。告别时，我对木春兄说，这里真是读书的好地方。木春兄笑着说，以后来多住几天，可以在这里写东西。可惜，东山岛没有再去，手边总有还不尽的稿债，在纷扰的世事中，心烦意乱见缝插针地写着。木春兄读书则读出了成果，三年光景，编写出四本书。

《民国名家谈作文之道》《过去的课堂》《为幸福的人生》都是文章汇编。而这本《先生当年》则是木春兄大量阅读后，孜孜矻矻地写出来的。有一种说法，叫作替人读书——书太多，会读书的人先读，然后分享阅读心得，为别人指出读书路径。《先生当年》就是一根"度人金针"。我也喜欢读民国人物的轶闻趣事，读到动心处，便摘抄下来，引用到自己的文章里。与木春兄相比，读得实在太少了。这本书中起码有一半的资料是我没读过的，将来有机会一定要向木春兄当面请益。

民国只存在了三十八年，但近十多年来，不少"挖掘工"从那时的知识界里发掘出太多的精神矿藏。木春兄就是其中一员。短短的三十八

先生当年
教育的陈年旧事

年间，虽然国家内忧外患，积贫积弱，可知识分子有风骨、有学问，活出人的样子。木春兄不仅为我们呈现出那时的中国人中的优秀分子的群像，更将自己对他们的敬意用于现世的观照。比如，他读到陶希圣在《潮流与点滴》一书中回忆商务印书馆的编辑等级制，想起一段往事：

　　当时有位朋友在教育局当主任（股级），某天我去找他，他正踌躇满志地坐在崭新的办公桌前，我记得桌上还摊着一本厚厚的大本子，本子下面是一层软皮做垫，上面是日历，旁边还可夹进照片等等。看得我眼花心热的。我感觉办公室有点挤，就随口问朋友："房间太小，办公桌何必这么大？"朋友微微一笑，神秘地问："你知道这办公桌的学问吗？"我摇头。他告诉我，副局长的办公桌更大，有多少米长，正局长的办公桌又更大了，是多少米长。我问为什么要搞得这么复杂。他"嘿"的一声，嘲笑我，又启蒙我说："你个书呆子，这叫级别，怎么能随便越级的？还有啊，办公桌的摆放位置也是有讲究的……"我读过一点古书，知道古代一点礼仪，但无法和现实扯上关系。我以为朋友是跟我说笑话。

　　教育局局长们的办公桌大小如何，我没机会去欣赏、比较。如今，读了陶希圣"桌子的故事"，我不得不相信朋友当年的"启蒙"——在单位里，桌子是特殊的"名片"，是身份的象征，等级的物化。同时联想起曾经去过的几所中学，那些校长办公室的桌子、副校长办公室的桌子、普通办事员的桌子，果真大小不同。

　　什么时候，教育界里的办公桌，不再有那么多的大大小小，甚至就像当年的北大，"每个教授的桌椅都一样"，也许就是教育真正有希望的时候。

在本书中，这样的思想之光随处可见。木春兄是位优秀的高中语文教师，虽然也有忙于应试的时候，但他从没有停止过阅读、写作、思考。木春兄的学生是有福的，在确立价值观的紧要时期，能得到一位明白的老师引领。作为同行，也是有福的。在木春兄细致的笔触间，我们感受到前辈的思想光芒和人格魅力，得到战胜黑暗的力量。

我还特别留意书中关于民国时期的学校管理运作的介绍。有一篇介绍无锡辅仁中学的文章，我印象尤深。

> 无锡辅仁中学是一所袖珍型的私立学校，是圣约翰大学四位早期校友回乡创办的。学生仅200名左右，基本来自创办人在附近的亲戚朋友子弟，少数从四乡八镇过来。别看学校规模小，培养出的人才却不得了：在海峡两岸就有12位院士（据较近数据，全中国的院士人数，北京第一，上海第二，无锡第三，无锡共60人）。还有一位著名的科学家钱伟长，以及国学大师钱锺书。

极小的规模与极大的成绩形成强烈的对比，原因何在？第一个原因是校址：

> 辅仁中学独具浓厚的历史文化底蕴。学校没有任何围墙，与古老的东林书院比邻而居，中间相隔一排矮松树。东林书院内保存一座东林祠堂，有学生顽皮不听话或不用功，老师就带他们到祠堂的小石凳上罚站，伴以谆谆教诲："那几个人就是你祖宗！你对不对得起你祖宗？"祠堂里供奉的除了旧时东林党人，还有本地一些杰出的读书人，所以学生都自命为东林党人。不难想象，如此切近而富有人情味的训诫所能达到的教育效果了。

但更主要的原因，我认为是学校的管理机制：

辅仁中学没有校长，而是几位老师组成校务委员会，由一位校务会主任负责日常事务。这管理模式，就是放在今天，一点也不落后。大概辅仁中学是私立学校，多人合办，且创办人对教育怀有共同热情，一心服务乡里，所以教学理念和公立学校有所差异。据许倬云回忆，当时和辅仁中学仅一河之隔的县女中，办学理念就大为不同。

另外，先进的教学理念和教学方式也很重要：

更奇的是，辅仁中学极力倡导学生间的互助互帮，形式上接近于今天的合作学习。班上同学三五一群，自主结成一个个小组，彼此切磋学业。每天下午四点钟放学，小组同学不急着回家，在学校里共同继续学习两个钟头；寒暑假也是一小群一小群同学自己上课，超前学习。第二学期或第二年上课时，老师讲课，这群学生已先读过，老师就教别的东西。课文都是学生自学，老师点拨和指导学生，不讲课文本身。

这是一所非常自由的学校："功课好的学生可以跳班。教育部对学校办学没什么干涉，连课程纲要都没有。""教数学的教员可以教国文，教国文的可以教地理，历史教员也可以临时过来教物理，不是乱搞的，教得十分称职。"师资水平这样高端，学校管理这样开明，学生怎么会学不好！

木春兄在文中引用许倬云先生的感叹："我想很难再找到一个那么自由自在的学校，以及让学生随心所欲的老师。对我来说，这样的教育十分有用。"木春兄特地说喜欢句中两个词：自由自在，随心所欲。因为它们是诸多原因的核心。

二十多年前的一个清晨，我走进东林书院。没有其他游客，我抚摸着院内的一根清代石柱，心中全是思古幽情。终究是读书太少，那时完全不知曾有一所美妙的学校就在东林书院的隔壁。如果现在去看，还会有遗迹引我默想吗？有人说，读历史就是为了知道将来又要发生什么了。这话太悲观。不过也难怪，看多了种种惨烈的历史，这样想也是自然。而我作为一名小学教师，整天与可爱的孩子在一起，心中难免灰暗少些，光亮多些。所以我读到木春兄讲述的这些历史故事，总会如孩童般天真地想，如此自由的学校应该会在将来重现吧。

　　了解民国人物的陈年旧事，最好的方式是三五友人围炉而坐，喝着茶，慢慢地聊。聊到尽兴处，忽听一人惊呼："过去竟然是这样啊……"众人抚掌大笑，所有滋味尽在其中。木春兄，那时免不了又要劳你泡茶哦。

2016 年 9 月 28 日

第一辑　当年教育

"打孩子"的古风

　　1936 年，年仅 23 岁的孙犁经高中同学候士珍、洪振宗的介绍，到河北安新县同口小学任教，其间还兼授一年级的自然课。小学所在地的同口镇是远近闻名的大镇，位于白洋淀边，垂柳遍地，风景甚佳。同口镇还有一个特点，就是出了几位大军阀。提到军阀，以为他们都是赳赳武夫、大老粗。非也。镇上的军阀们十分重视家乡教育，舍得花钱做教育，小学设备很好，师资水平也高，至少比孙犁两年前在北京象鼻子中坑小学高出许多。

　　可是，面对一年级的小学生，未经过师范教育的孙犁常常感到手足无措。每当走进教室，孩子们总是乱哄哄的，闹个不停。好不容易安静下来上课了，有的孩子吵着要撒尿，却解不开裤带；有的孩子撒完尿回来，自己却结不上裤带。这些事，孙犁都得走下讲台亲自动手帮忙。有一次，坐在前排的一个孩子，格外顽皮，任孙犁怎么说也不听。孙犁一时烦躁起来，同时要显示一下"师道尊严"，就用教鞭在孩子的头上敲了两下。这孩子哭叫着走出校门，全体同学见状都为之变色。原来，孙犁打的这个小学生，不是普通人家子弟，是学校的董事，本村一个大军阀的爱子，而且是其爱妾所生。

　　孙犁知道自己闯下大祸了。可转念一想，再怎么严重，也不过卷铺盖一走了之，构不成什么别的罪过。

　　第二天，孩子照常来校上课了。过后什么事也没有发生。究其原因，就像 50 年后孙犁在《尺泽集》里分析的："就是在旧社会，即使军阀的爱妾，家长的观念仍然是：请来老师和请来保姆，其目的是不一样的。"

在那时代，大军阀的爱子尚且"敲就敲了"，何况贫寒人家的子弟呢？

现代著名诗人汪静之是安徽绩溪人，和胡适老家是邻村。汪静之最早的诗歌创作，就获得胡适的极大鼓励与切实帮助，可以说，胡适是汪静之诗歌写作的引路人。晚年汪静之在口述中提到一件有关胡适母亲教子的事。当时，胡适村里有位出了名的私塾老先生，是本地公认最有学问的人。胡适小的时候，母亲曾打算让他到这个老师那里去读书，但最终母亲还是选择了另一位"名誉不大的，学问不够好的"老师，理由是，那位学问第一的老先生从不打学生，对学生很好。而第二位老师"可是要打学生，很凶"。胡母认为，小孩子要打才行，老师不打孩子，孩子"就要给他宠坏了"，如果打了，"小孩子才有规矩"。所以，胡适就跟了那个要打孩子的老师读书了。

汪静之所讲的胡母的事，今天看去，有点匪夷所思，但联系胡适亲撰的《四十自述》中的母亲形象，也就释然了。

我"文革"后开始念小学，小学里绝大多数的老师是本村人。当年同学们的父母见了老师，第一句一般是："某老师，我家小鬼不乖的话，你尽管替我揍他。"——这绝不是说说而已。当然，我这里不是鼓吹教师"体罚"有理，只是想说明，从前的确大量存在这类"体罚"现象，大家对此都习以为常。另一方面，这也体现了那时古风之犹存，师道之尊严。

讲到师道尊严，汪静之在他的自述中，还交代了这位学问好又善待学生的老先生的晚景。老先生后来上了年纪，人家不再请他教书了，他的老伴也过世了，身边又没有一儿半女的。老先生就写信给汪静之的岳父，希望得到照顾。汪静之的岳父从前也是老先生的弟子，此时正在汉口做生意。汪静之的岳父就请老先生到汉口，给他养老送终。

这种为老师养老送终的事，就不仅仅是"师道尊严"四个字所能概括的了。

先生当年
教育的陈年旧事

2015.03

过去的学校仪式

　　闲翻《中华民国史档案汇编》，看到民国元年九月初三北洋政府下发的《教育部公布学校仪式规程令》，颇觉有趣。该令规定了学校仪式的类别及确切日子，各仪式的礼仪程序和具体动作。

　　当时的学校仪式分四类：祝贺式，始业式（即开学典礼），毕业式，各种纪念日。

　　祝贺式类似于今天的升旗仪式，但北洋时期的祝贺式仅在元旦及民国纪念日才举行。议程有：立正、奏乐、唱国歌、校长致训词。跟今天的升旗仪式比，祝贺式的程序多了两个环节：唱完国歌，师生要行三鞠躬；校长致辞后，还要再一次奏乐、唱国歌。

　　始业式：师生齐集礼堂，学生向老师行一鞠躬礼，老师答礼，然后校长致训词。

　　毕业式就较为复杂：师生齐集礼堂，学生向老师行一鞠躬礼，老师答礼，学生就座；校长依次授予毕业证书，学生接证书后一鞠躬，退回原位；校长和来宾致训词毕，一学生代表答谢，然后行一鞠躬，退下。

　　最特殊的是纪念会式。纪念会式是各种纪念日的仪式，主要包括孔子诞日、本校成立日等。从"等"字推测出，一些地方性的纪念活动也可通过学校仪式举行。纪念日仪式程序由校长自定，但规定中强调一点："拜跪及其他宗教仪式不适用之。"由此可见，校长在纪念日活动中拥有相当的自主权，这一点，我们现在的校长恐怕难以企及。我亲历某县一中举办校庆，仪式的程序乃至哪些人有资格坐主席台，都是县分管教育的官员——裁定的。

从《规程令》里不难发现，学校的仪式次数不多，程序简洁，然而针对性很强，而且仪式全过程十分注重礼节（从每次活动中必有学生鞠躬、教师答礼看出），气氛庄重。没有今天层出不穷的各种主题仪式，也不动辄让师生签名、学生宣誓。

《规程令》虽然条目比较详细，毕竟都是些纲要的规定，太抽象，至于具体操作结果如何，我不得而知。随后读到台湾老作家王鼎钧先生的《碎玻璃》一书，才有了现场感。王先生1927年生于大陆，1949年去台湾，后居美国。他用一支生花妙笔，把旧时代一个小学的毕业典礼描绘得既真切又深挚感人。

那是上世纪三十年代山东省苍山某小城。城里唯一的小学就在一座大庙里。庙的大殿是礼堂，纪念周活动和毕业典礼都在此举行。

每年的毕业典礼是小城生活的大事。德高望重的老族长必定亲自来看新生的一代，他银发飘飘，满座肃然。典礼进行中，他眯着昏暗的眼睛看着每个人，一个细节都不漏过。典礼结束后，还有一个更重要的仪式，也是个固定节目——老族长带着毕业生由城东走到城西，由城南走到城北，在每个有故事的地方都会逗留，向孩子们娓娓讲述祖先的嘉言懿行，以及小城那段"天降洪水"的古老传说。

王鼎钧小学毕业那年，老族长已垂垂老矣，走路要人搀扶。可老族长不顾校长的劝阻，坚持他那一年一度的"毕业旅行"。他说，我要让这些即将长大成人并且可能背井离乡的孩子，对自己的"根"有清楚深刻的记忆。他叮嘱校长：即使他一病不起，这个行走的仪式无论如何都不能"简免"，必须年年举行。

老族长确实老得走不动了，校长只好叫来一顶多年不用的旧轿子，众人抬着老族长继续出发。旧轿子载满小城的故事。小学生们跟在轿子后面，望着起伏蜿蜒的轿顶，一路前行。一顶轿子，一行小小的队伍，走成一道独特的景观。

老族长停在一口井旁，用喑哑无力的声音告诉孩子们，这是祖先挖成的第一口井，就是这口井，繁衍了一代代的小城人，就是这口井，一次次把小城的人从厄运里拯救。

老族长虔诚的脸，苍老的话语，连同古井的传说，从此留在漂洋过海的王鼎钧的心里。

这是王鼎钧先生五十多岁时写下的少年记忆。无名小城的无名破庙里，富于历史感和现实性的毕业仪式，把一个族群、一座城的全部记忆，打进孩子们的生命底色中。

这样一些沾满泥土气息的毕业仪式，在旧中国的大江南北，或许到处皆是。

到我上学的上世纪七八十年代，此类仪式早已绝迹。每逢学校举行开学仪式，高音喇叭里只有一个又一个领导的声音。

2014.1.14

民国教师的业余时间

　　穿行在民国史料间，常讶异于一个奇特的景象：不少民国大家是中小学教师出身，他们奔波于衣食谋之余，遍览古今中外书籍，著述丰赡，成就卓然。比如，大家熟知的朱自清先生，在白马湖春晖中学任教期间，仅一年内写下散文集《踪迹》以及包括《教育的信仰》在内的多篇重要的教育文章；钱穆在当中小学教师期间，刻苦自修文史典籍，并出版了成名作《先秦诸子系年》等，为后来成为国学大师垫下厚实根基。我想，身为教师的他们，在教学之暇的学术或创作上颇多建树，固然由于个人的禀赋与勤勉，但与他们所处的时代环境——往小的方面说，教育环境——是否大有关系呢？

　　我琢磨这问题，是始于阅读《叶圣陶年谱》一书。我注意到，叶圣陶在从 1912 年到 1922 年担任小学或中学教师的十年间撰写数量众多的文言小说、白话小说、童话、评论、诗歌，此外在篆刻、编辑等领域也颇有建树。仅 1921 年，叶圣陶上半年在吴县县立第五高等小学（简称五高）、下半年应邀到中国公学中学部教国文，10 月又转到浙江第一师范任教（即著名的杭州一师），短短一年内，他一边教学，一边与茅盾、郑振铎等人发起组织"文学研究会"，被邀做《小说月报》和《晨报副刊》的撰稿人；更重要的是，这一年里叶圣陶发表了大量的作品，据《叶圣陶年谱》记载，主要有：《隔膜》等短篇小说 22 篇，"文艺谈" 40 篇，《小白船》等童话 10 篇，独幕剧、诗歌、杂文等 20 多篇（首）。

除上述这些活动和文艺成就，在浙江第一师范时，叶圣陶与朱自清等人一起担任晨光文学社的顾问。别看这个貌似微不足道的文学社顾问，叶圣陶投入不少精力。这时期的文学社活动成就了冯雪峰、柔石、魏金枝、潘漠华、汪静之等诸多诗人。诗人汪静之在晚年回忆说："十七岁到十九岁三年中胡乱写了很多的新诗，朱自清、刘延陵、叶绍钧、胡适之、周作人、鲁迅诸先生都出乎意外地给我许多指导和赞许。"毕业那年，汪静之的诗集《蕙的风》出版，一时洛阳纸贵，两年内销量超过两万册。这个出版数字在当时是极其可观的。

前几天，翻阅《叶圣陶答教师的100封信》，在1961年《答孙文才》的信中读到一段话：

> 业余时间创作，现在的老师想来觉得困难，我那时却容易。老实说，从前教师的责任感是不能与今天的老师比的。上了课就算尽了责任。备课是很少下工夫的，甚而至于根本不备课。教师们集体备课，更是梦想不到。我当时总算能稍微备一下课，此外，对学生的作文本总算能从速改完，决不拖欠。情形如此，课余时间不少，可以写些习作了。

忠厚诚笃如叶圣陶，他的话是可信的，他的表现也具有一定代表性。叶圣陶在另一次讲演中也提到，上世纪二十年代，他已主要从事编辑工作了，但还先后兼任几所中学的高年级学科教学。在今天，这是不可想象的。那时的教师之所以课余时间多，"备课可以很少下工夫"是一个因素，另外，那时还没有现在漫天飞舞的练习册和试卷，以及多如牛毛的各级各类开会、检查、评比、补课（学校组织的）。就我个人体会，上世纪九十年代当教师比现在轻松得多，当时的网络技术和印刷技术还没这么发达，所有习题和试卷需靠教师手工刻写，客观上制约了题海战术的滥用；另一方面，一年到头，无中生有的检查、评比也不常见。

有意思的是，上世纪九十年代培养的学生的素质似乎不比今天靠大量练习"饲养"出来的学生低。继续深追下去，民国时代，尽管"教师的责任感是不能与今天的老师比的"，教师备课"很少下工夫"，可培养的人才是我们后来能比的吗？如此一对照，也许有必要反思一下：今天的教师们，整天忙忙碌碌，冲冲杀杀，貌似敬业可嘉，但是否在做着大量的无用功，甚至是反作用的事？

　　无论如何，读了叶圣陶信中这段话，顿生无奈与忧虑。我想到当下教师越来越狭小的生存时空和普遍焦虑的精神处境。今天，庞大的教师群体中间，为什么难以诞生出与民国大师们稍可比肩的人物，答案似乎不言而喻。进一步推想，如此平庸的教师群体，又能"生产"出什么样的学生呢？

2013.12

一人教书，养活九人

民国时期，教师工资以抗战之前的二十年里为最高。陈明远先生在《文化人的经济生活》一书里，用详实的数字说明了当时"中小学教员的待遇"。

以广东为例，1932年公立学校的中学教员待遇开始改为"月薪制"，其中规定：初中教员每周任课18～22节（每节课45分钟），月薪60～80银圆，约合1999年人民币1800～2400元；高中教员每周任课16～20节，月薪80～120银圆，约合1999年人民币2400～4800元。而同一时期北平公立和私立中学教员的月薪为100～200银圆；国文、英语、算学三科的教员，月薪则在200银圆以上。

上述两地的教师收入算高吗？我们对比一下当时普通人的生活状况：全国各地到北平的学生，每月伙食费大约4到6银圆。再举一个例子。1935年，著名作家杨沫和丈夫马健民租住北平一个小四合院，一间东屋分成里外两部分。马健民在《世界日报》社当校对编辑，月薪20多银圆。当时的消费情况如下：每月房租6银圆，菜金8银圆左右，有时花1角钱买点儿猪肉（1银圆可买7～8斤五花肉）

朱东润书法

炒菜吃上两顿。当时的杨沫刚生孩子，没有工作，一家三口的生活全靠马建民一人的收入维持。对照居民的消费水平，不难看出当时教师待遇的可观。

前不久，读《朱东润自传》，这部五十多万字的皇皇巨著，更具体地记叙了上世纪二十年代前后中学教师的待遇。1917年，22岁的朱东润先生辞去在上海《中华新报》的兼职工作，乘轮船经香港，到达广西梧州的广西第二中学，开始了为期三年的英文教师生涯。朱东润在梧州任教，月工资是广西纸币100元（相当于上海通行的硬币约90元）。需要说明的是，当时，全国各地中小学教员的待遇不一样，总体还不高，大多采用"时薪制"，即根据课时付给薪水，比如，周作人在去北大的前几年（1913—1917年），任教于浙江第五中学，月薪50元，后因为增加课时，提高到月薪68元，同时每超工作量1小时，另加薪1元。直到1923年正式施行新学制后，全国中小学教员的待遇才明显提高。不过，据我的估计，当时地处偏远的广西梧州，中小学教师的工资水平，不可能高于全国的多数地区。

三年下来，朱东润单靠教学收入（这段时间，朱东润业余不再译书），居然解决了一系列迫在眉睫的物质难题。首先，还清了他在上海读中学那几年亲戚们给他的全部资助；其次，在苏州老家，从伯父手中购买了五间旧屋，并改造装修好，供母亲居住和自己结婚之用。其三，也是那几年最大的一笔开支——负责大哥全家七口人的生活费（因为大哥早辞去了工作，在家休养）。也就是说，朱东润一人在外教书，至少养活了包括自己在内的九个人。

1919年暑假朱东润离开广西梧州，转回离家较近的南通，在南通师范学校担任教员，同时在江苏省立第七中学兼课。不久，朱东润有了两个孩子，但大哥一家子的负担照样靠他的教书收入支持着。当然，在南通，因为身兼两校功课，一周有24课时，工作量不轻。话说回来，那时的教师虽然课时比较多，但几乎没有考试压力，平时也不需要对付各种

先生当年
教育的陈年旧事

会议和检查。总体上说，工作负担应该不是特别繁重。

　　民国这段时期，中学教师的待遇如此之高，在今天的许多教师看来，大概有点天方夜谭。

2014.06

"家贫无奈作先生"

从朱东润等人的故事中，大致可以发现民国教师的待遇是相当高的。但据此就以为民国时代是教书匠的天堂，则未免太武断。

夏丏尊先生在一篇短文的开头写道："在现制度之下，教师生活真不是一件有趣味的事。同业某友近撰了一副联句，叫作：'命苦不如趁早死，家贫无奈作先生'，愤激滑稽，令人同感。"这篇《无奈》刊发于1924年11月16日春晖中学的校刊《春晖》上。上世纪二十年代的上虞春晖中学，声名远播，享有"北有南开，南有春晖"之美誉。孰料，身在春晖中学的夏丏尊先生，也免不了有"无奈"的时候。

我想起民国时期的两位"破教授"。

周作人在追忆"五四"前后那一批北大同仁时，专文写了"二马"兄弟之一的马衡（字叔平）先生。马衡先生教金石学，精于金石和古物鉴赏，为人古道热肠。马衡夫人则是宁波巨贾叶澄衷家的千金小姐，因此颇看不起大学教授的地位。马衡夫人曾对别人说："现在好久没有回娘家去了，因为不好意思，家里问起叔平干了些什么，要是在银行什么地方，那也还说得过去，但是一个大学的破教授，教我怎么说呢？"一个堂堂的北大教授，地位竟比不上银行职员，以至无法"端上台面"，这不能不令人唏嘘。实际上，这位后来成为故宫博物院院长、被誉为"中国近代考古学的前驱"的马衡先生，在当时的教授中已算得上是"土豪"了。他平时西装革履，出入有私家小汽车，而风云人物胡适那时也才买了福特车，还是二手的，跟马衡的比，低两个档次。尽管如此，在马衡夫人看来，大学教授就是"破"教授，跟银行职员没得比。时至今日，从社会地位看，是银行职员高，还是大学教授高，恐怕仍不易定论。但我身边的一些年轻教师，纷纷削尖脑袋跳出"校门"，去某个科局或乡镇混个小公务员，却是不争的事实。

不过，倘若马衡先生与三十年代暨南大学教授、作家方光焘相比，简直就像一个在天，一个在地了。

方光焘早年负笈东瀛，毕业于日本东京高等师范学校，1929 年又被浙江省教育厅派至法国里昂大学攻读语言学研究生。1931 年辍学回国参加抗日活动。1938 年在暨南大学教书，一人担任四门功课。辛苦如此，可仍然入不敷出。

那时候，学生去教授家串门是家常便饭，教授会顺便请学生抽烟、吃点心什么的。

一次，方光焘的学生、后来成了著名翻译家的吴岩去老师家，方师母恰好买馒头回来，方光焘先数了数，顺口道："恰好每人两个。"于是每人抓两个，盘子空了。这不是方光焘吝啬，而是无奈。

又一次，吴岩病了。方光焘上门看望，"穿一件灰不灰黄不黄的袍子，头发硬得像茅柴，眼镜深得像两个洋瓶底"，因为长期缺乏营养，整个人又瘦又黄。方光焘回去后，吴岩的一个亲戚知道他是国立大学的教授后，觉得不可思议，说"还不及私立小学的校长和洋行里的买办神气"。

大学毕业之后，吴岩再次去见方光焘。方光焘告诉吴岩，10 年前他去日本留学时借的款至今尚未还掉，当教员这些年，常遇到各种意外，家庭的、社会的。起初还存着还债的想法，现在连这点想法也不敢奢望了。如今，无论如何紧缩日常开支，还是难以维持生活，必须加借新债。方光焘把每月的收支情况细细算给吴岩听后，说，过些日子非得把妻儿一并送回乡下老家去谋生，否则走投无路，"到不能生活的时候，就统统饿死吧！像我这样的人要饿死，简直是中国的羞耻！"

"像我这样的人要饿死，简直是中国的羞耻！"听着80年前大学教授的这句话，我不由涌起某种伤痛。只是，饿死一个"破教授"，是不是就会让人觉得那是"中国的羞耻"呢？

还好，方光焘没饿死，要不然中国就少了一位作家、翻译家和语言学教授。

可夏丏尊先生，就没这等好运了。"命苦不如趁早死，家贫无奈作先生"的对联，似乎成了他困顿一生的写照与谶语。这位把毕生精力献给教育的前辈，终生清贫，在盛年时就离世了。

值得一提的是，1905年夏丏尊去日本求学也和方光焘一样，因为"家贫"而负债累累，以至中途被迫辍学回国，谋职糊口。

在中国，自古以来，教师（尤其中小学教师），往往是贫寒子弟。今天格外如此。我们看到哪位县委书记或副县长的儿子在拿教鞭？这到底是一种什么现象呢！

2015.01

"这样的教育十分有用"

　　台湾著名历史学家许倬云先生在《问学记》《谈话录》两书里，零星提及上世纪四十年代的无锡辅仁中学。随后，香港中文大学出版了《许倬云八十回顾》，许倬云的这段求学经历，才从厚重的书页与历史的烟尘中清晰起来。

　　抗战一结束，16岁的许倬云随父母从四川到上海，不久，因为无法适应上海的学习环境，回到老家无锡。

　　无锡辅仁中学是一所袖珍型的私立学校，是圣约翰大学四位早期校友回乡创办的。学生仅200名左右，基本来自创办人在附近的亲戚朋友子弟，也有少数是从四乡八镇过来。别看学校规模小，培养出的人才却不得了：海峡两岸就有12位院士（据较近数据，全中国的院士人数，北京第一，上海第二，无锡第三，无锡共60人）。还有一位著名的科学家钱伟长，以及国学大师钱锺书。

　　辅仁中学独具浓厚的历史文化底蕴。学校没有任何围墙，与古老的东林书院比邻而居，中间相隔一排矮松树。东林书院内保存一座东林祠堂，有学生顽皮不听话或不用功，老师就带他们到祠堂的小石凳上罚站，伴以谆谆教诲："那几个人就是你祖宗！你对不对得起你祖宗？"祠堂里供奉的除了旧时东林党人，还有本地一些杰出的读书人，所以学生都自命为东林党人。可以想象，如此切近而富有人情味的训诫所能达到的教育效果了。

这得感谢创办人这种有意的选址和校园结构，它注定了学校具有包容、自由而开放的办学特点。

辅仁中学没有校长，而是由几位老师组成校务委员会，由一位校务委员会主任负责日常事务。这种管理模式，就是放在今天，一点也不落后。大概辅仁中学是私立学校，由多人合办，且创办人对教育怀有共同热情，一心服务乡里，所以教学理念和公立学校有差异。据许倬云回忆，当时和辅仁中学仅一河之隔的县女中，办学理念就大为不同。

许倬云从小随父母颠沛流离，不曾受过正式的学校教育，只是跟父亲零碎学些历史地理知识，以及自己随性阅读些古典名著。到辅仁中学前，许倬云根本没有英语和数学基础，不过，不拘一格的高中老师认为许倬云的历史、地理和国文程度已达标，特许他在这些课上自学数学。当然，还有个条件：许倬云必须一边听课，如果老师提问题，他也要起来回答。

无锡辅仁中学照片 1

更奇的是，辅仁中学极力倡导学生间的互助互帮，形式上接近于今天的合作学习。班上同学三五一群，自主结成一个个小组，彼此切磋学业。每天下午四点钟放学，小组同学不急着回家，在学校里共同继续学习两个钟头；寒暑假也是一小群一小群同学自己上课，超前学习。第二

无锡辅仁中学照片 2

学期或第二年上课时，老师讲课，这群学生已先读过，老师就教别的东西。课文都是学生自学，老师点拨和指导学生，不讲课文本身。正由于有这种浓厚的互助风气，许倬云的功课在短时间内就赶了上去。

辅仁中学里，功课好的学生可以跳班。教育部对学校办学没什么干涉，连课程纲要都没有。

在自由开放的空气中，辅仁中学的师生关系非常亲密。据许倬云回忆，每位教员可以帮其他教员代课，甚至是不同学科间的代课，比如，"教数学的教员可以教国文，教国文的可以教地理，历史教员也可以临时过来教物理，不是乱搞的，教得十分称职"。这种师资水平，堪称一绝，令人无法想象。难怪1950年后，辅仁中学很多老教员被抽调去大学教书时，依然可以胜任。

几年后，与许倬云同班的30多名同学，全考上全国前六名的大学。这成绩，放在今天，也足以令某些牛气冲天的名校刮目相看吧。半个多世纪后，许倬云还不禁感叹道：

"我想很难再找到一个那么自由自在的学校，以及让学生随心所欲的老师。对我来说，这样的教育十分有用。"

我喜欢他话中的两个词：自由自在，随心所欲。

2013.11

民国的学校图书馆

　　民国前 20 年，社会动荡，但教育的发展非但未停滞，且获得快速进展。1936 年教育家张彭春先生在伦敦出版了《中国在十字路口》，书中提到，从 1912 年到 1936 年，全国学校和学生的数量增长迅速：小学从 86318 所增至 265000 所左右，学生人数从 2793633 增至 11668000 左右；中学从 373 所增至 1900 所左右，学生人数从 52100 增至 404000 左右；大学及学院从 4 所增至 82 所，学生人数从不足 1000 增至 44000 左右。从上述数据看，小学到大学，学校和学生数的增长都在数倍以上，而增幅最大的是高等教育，学校数增加 20 来倍，学生数增加 40 来倍。

民国学校图书馆

该书还记载，1931 年，国际联盟教育家代表团访问中国后，对中国的教育进步给予了高度肯定："30 多年来，中国一直是各种不幸遭遇的受害者……尽管面临的情况是内忧外患，财政极度紧张，旱涝自然灾害连年不断，中国仍然坚持一种信念，即教育新兴的一代乃是文明社会至关紧要的大事，并且在情况许可下竭尽全力促进其发展。这种成就是西方任何一国政府绝不可能达到的。"

如果这些数据和评价太宏观，通过下面两个小事例，对当时的教育情形，也能管窥一斑。

数学家吴大任在回忆他的老师姜立夫时提到，上世纪三十年代，南开大学的数学图书质量居于世界前列。图书馆内，世界上最重要的数学期刊都是完整的，著名数学家的论文集也是较齐备的。另外，图书馆还有许多珍贵的绝版书。1932 年，德国汉堡大学的 E·Sperner 来北京大学讲课，曾应邀到南开大学访问，当他目睹这么多珍贵的数学藏书时，一边翻阅，一边惊叹不已，欣羡备至。那时的南开大学，是私立学校，资金靠校长张伯苓一块钱一块钱从海内外募捐而来，其图书馆中的报刊和藏书，居然足以让世界一流的数学家惊叹和羡慕，不难想见，当时学校对学术的重视、全社会对教育的看重。

大学是学术的重镇，图书馆里的图书、杂志数量多些，质量好些，理固宜然。但实际上，民国时期，全国各地中小学里质量好的图书馆，并不在少数。

孙犁在《〈善闇室纪年〉摘抄》一文里写道，1924 年，孙犁跟随父亲到安国县城读高级小学。这座高小，设在城内东北角原是文庙的地方。学校的教学质量，应该还可以，老师虽然都比较平凡，但个个循规蹈矩，兢兢业业。最值得称道的是学校的设备比较完善，有一间阅览室，里面放着《东方杂志》《教育杂志》《学生杂志》《妇女杂志》《儿童世界》等，都是商务印书馆的出版物，称得上是当时最新潮最先进的教育类和社会类杂志。阅览室里还有各种改编的历史故事，如岳飞抗金兵、泥马渡康王等等。而文学研究会作家的小说集，如叶圣陶的《隔膜》、刘大杰的《飘渺的西南风》，以及鲁迅和许地山等人的作品，在阅览室也随处可见。此外，多种社会科学、文艺理论著作甚至连一些苏联文学作品，阅览室里都有。这些优秀的书刊打开了孙犁的眼界，为他后来的创作和评论奠定了基础。

规模不大的安国县城——当时人口最多几万人——的一所小学，在那样一个时局混乱的年代，竟然建设了如此完善的阅览室，里面的杂志和图书也如此精良，不由得不令人惊讶。

事过半个世纪，也就是上世纪八十年代初期，我在县城一中读书，学校也有一间阅览室，有丰富的文学杂志，像《人民文学》《小说月报》《诗刊》《散文》《收获》《萌芽》等等，都是当时一流的文学刊物。学校附近还有一家单位，叫县文化馆，馆中设有阅览室和图书馆，杂志与藏书颇丰，借阅方便，我阅读的多数古代小说，就是从那儿借来的。到九十年代初，我大学毕业回校教书，文化馆里的图书馆和阅览室不知去向，连原先的房子都被拆了。至于学校的阅览室，杂志种类越来越单一。到后来，差不多只剩下学科教学类的杂志和著名的《读者》《知音》了。还好，几年前，学校受捐助建起图书馆，又过几年，听说开始购进了新图书。

前几天，一个高二学生拿着龙应台的书《目送》，上面盖着学校图书馆的戳印。我一看那久违的蓝色戳记，突然很感动。

2014.12

严正的一课

出生于 1919 年的台湾著名作家张秀亚，小时候住在大陆。4 岁时，随父母到了冀南。在冀南县署任职的父亲，身边有位跟随多年的仆人孙荣，是个善良的老头，非常疼爱张秀亚。

那时，张秀亚还没到上学的年龄，每天在家里跟母亲学完几个汉字，就一心等着孙荣接她出去玩。当工作闲下来，孙荣便带着张秀亚出门，把她举上肩头，一老一少的足迹踏遍了县城的大街小巷。有时孙荣还领着张秀亚去城外古战场挖"铜箭头"，屡有所获。

父亲住在县署内，张秀亚和母亲在外头租房住。一天，孙荣带张秀亚到县署一间雅致的屋里。忽然，张秀亚发现窗台上有一枚闪闪发光的铜币，茶杯口大小，顺手放进自己衣袋里。第二天清晨，妈妈洗衣服时发现了，严厉地询问她铜币的来处，张秀亚怕妈妈责备，谎说是孙荣给她的。下午孙荣又来了，妈妈取出那枚铜币，当场向孙荣对质。孙荣看了看双眼充满了哀求的张秀亚，承认确实是自己给的。妈妈这才放心离去。

之后，孙荣还是像平时一样，若无其事地将张秀亚放上肩头，带她去城隍庙看戏。张秀亚松了口气，以为这件事就过去了。

走到郊外无人的地方，孙荣突然停住脚步，放下张秀亚。他从袋中摸索半晌，掏出一个铜币，比从窗台取来的那枚更大更亮，送到张秀亚的掌心，说：

"筠姑儿，这是我给你的，这是我孙荣真的给你的，……昨天……的

右

当年教育 第一辑

那一枚呢？交给我吧，让我再把它摆回那窗台上去⋯⋯。你太小了，谁又能责备你呢，只是以后再也不要随便拿人家的东西了⋯⋯"小小的张秀亚顿时震住了。

童年的一幕，时过半个多世纪，依然印在张秀亚的记忆中。她在《种花记》一书中写道："四岁多的孩子，原分不清'人的'与'我的'界限的，我感激那个可敬的老人，当我的稚龄就为我上了严正的一课：'勿妄取。'以后我每逢在学校侥幸得到'品学兼优'的奖状时，我总觉得上面的那个'品'字，是我童年的那个老朋友孙荣为我写出来的。"

比张秀亚小两岁的著名学者、戏剧家吴祖光先生，少年时代也有过"偷钱"的经历。如果说张秀亚的"妄取"还有些不经意，吴祖光的"妄取"则是赤裸裸的"偷"了。

念小学时，有一阵子，吴祖光喜欢和同学们出去玩，看戏、看电影、吃零食等，这样一来，平常母亲给他的零花钱变得不够花销了。

一天清早，当家人还在睡梦中，吴祖光早早起床，瞥见桌上摆着一叠铜钱，竟然鬼使神差地拿了一部分放进口袋，然后上学去。这是"偷东西"的第一次，起初稍觉不安，但母亲没发现，平安无事。往后，"顺手牵羊"的次数渐渐多起来，一旦零花钱没了，就伸手拿一些。曾有几次，母亲感觉桌上的钱似乎少了一点，只是嘀咕几句，可也没往心里去。吴祖光的胆子更大了。

有一回，为了买副乒乓球拍和球网，吴祖光居然把桌上一大叠铜元全部扫进口袋里，碰巧很快母亲回头找钱，事情终于败露。在母亲的追问下，吴祖光低头承认了事实，并交代了钱的用途是买球拍和球网等。

母亲只说了一句"这是偷钱，做贼，懂么？"就让吴祖光先去上学。放学到家，吴祖光看见祖母正在分蛋糕给弟妹们。祖母见了吴祖光，说："今天呒没你格份。"等弟妹们都出去了，祖母拿了一根尺子，边骂吴祖光"贼骨子⋯⋯"，边举起来，但并没有敲下去。吴祖光偷眼看站在旁边的母亲，母亲的眼光温柔依旧。

当晚，吴祖光担心父亲回来后找自己算账，早早便睡下。半夜，朦胧中听见父亲回来了，接着父亲和母亲悄悄走到自己床边。确认吴祖光睡着了，父亲说："把这个放在这儿吧，又不是不给他钱。一定要偷，多难为情。"吴祖光感觉到母亲把一件东西轻轻摆放在他的枕边。

第二天醒来，吴祖光惊讶地发现，枕边多了一个盒子，打开看，是两个球拍、一面球网、半打乒乓球。

从这天起，父亲、母亲以及祖母，都没有提起这桩丑事，像压根儿没发生过一样。吴祖光也不再偷钱了。

吴祖光的父母、祖母，张秀亚笔下的仆人孙荣，都是普通人，更不是什么教育家。面对孩子"偷东西"的行为，他们没有长篇累牍的训教，没有简单粗暴的惩罚，而是选择了最朴素、最温存的方式，给孩子上了"严正的一课"。

2015.03

父亲的教育

　　提及父亲的教育，不由想起《梁启超家书》，想起《傅雷家书》。梁、傅二人那种洋洋洒洒的耳提面命，是极为难得的教育方式，也是普通人难以企及的。在民国诸名家中，还有另一种父亲的教育，更显平民化，也别具魅力。

　　钱穆在《八十忆双亲》中深情回顾了童年时的两件事。

　　有位堂兄曾住在钱穆家里，一天傍晚，堂兄邀请钱穆同往七房桥，还交代钱穆"要告知婶母"。钱穆照办不误。母亲以为钱穆是随便说说，未予理睬。等到开饭，家人发现哥俩不见了，才明白钱穆讲的是实话。父亲带着家里的帮工杨四宝，掌灯连夜赶去七房桥。此时钱穆已睡着，听说父亲来了，急忙披衣起身，跟着父亲回家。一路上，父亲绝口不提此事。回到镇上，父亲还让钱穆进一家汤团铺吃汤团。回家后，母亲和姐姐哥哥，都在灯下等候着。母亲和姐姐对钱穆开玩笑说："你倒好，反而可以吃上一碗汤团呢。"又催促钱穆赶紧睡觉。第二天也不见所谓的"秋后算账"，好像一切没发生过似的。

　　钱穆自幼聪慧过人，记忆特别好，以至他父亲都认为这个儿子"或前生曾读书来"。当时，钱穆的父亲每晚必到街口一家鸦片馆，镇中有什么事，就在鸦片馆里处理。一天晚上，帮工杨四宝领着钱穆同去，父亲也不反对，大概想让小孩去见识一下世面。在鸦片馆里，忽然有个客人问钱穆："听说你能背诵《三国演义》，真的吗？"钱穆点头。又一个客人说："今晚试一试如何？"钱穆又点头。第三个客人就自告奋勇，让钱穆背诵"诸葛亮舌战群儒"一节。钱穆便边背诵边表演起来，一会儿扮演诸葛亮，一会儿扮演张昭等人。背诵结束，大家纷纷向钱穆的父亲夸奖孩子，父亲哦哦哦哦，不说什么。第二天晚上，杨四宝又带钱穆去，父亲同样不阻拦。半路经过一座小桥，父亲问钱穆："知道'桥'字如何写吗？"钱穆说知道。"桥字什么偏旁？""木字旁。""把木字旁换成马字旁，是什么字？"钱穆回答："是'骄'字。"父亲又问："'骄'字什么意思？"钱穆又点头答："知道。"于是父亲挽着钱穆的手臂，轻声问："你昨晚的所作所为和'骄'字接近吗？"钱穆一听，如闻震雷，俯首默不语。到了鸦片馆，客人们见了，又出题目"诸葛亮骂死王朗"来考钱穆，钱穆假装背诵不出，大家扫兴了，于是作罢。此后钱穆再也没去鸦片馆。这一年钱穆9岁。

《八十忆双亲》一书中，钱穆对父亲的教育感触良深，他总结道：他的父母教育子女，从无疾言厉色，子女偶有过失，父母的态度反而更温婉，总期待子女自己去悔悟。特别是父亲，教育子女时从不灌输大道理，而是从侧面加以暗示和启发。长大后，无论当小学教师、当大学教授，还是办新亚学院当院长，钱穆都非常出色，这与小时候受父亲的熏陶是分不开的。

同样靠自学成才的梁漱溟先生，也很幸运地拥有一位好父亲。

父亲对梁漱溟的教育"完全是宽放的"。在梁漱溟的记忆中，他没挨过父亲一次打，甚至父亲也很少正言厉色地教训过子女。但父亲对子女并非放任自流。在梁漱溟七八岁至十二三岁这阶段所接受的父亲的教育，主要有三方面：一是讲戏，父亲爱看京戏，常把戏中故事讲给儿女听；二是带子女出门，购买日用品，或办杂事，锻炼孩子的办事能力，接触现实，知晓社会人情；三是关注个人卫生等细节，各种生活常识则随时随地加以嘱咐，让子女知道如何照料自己。例如：

正当出汗之时，不要脱衣服；待汗稍止，气稍定再脱去。

不要坐在当风地方，如窗口、门口、过道等处。

太热或太冷的汤水不要喝，太燥太腻的食物不可多吃。

光线不足，不要看书。

但梁漱溟9岁那年发生的一件富有戏剧性的小事，却影响了他的一生。一次，梁漱溟积蓄的一小串铜钱不翼而飞了，他各处寻问，接着吵吵闹闹，最终仍没下落。第三天，梁漱溟的父亲在庭院前的桃树枝上发现了铜钱，心知是儿子自己遗忘的。但父亲没声张，不斥责，甚至也没喊儿子来看。他在纸条上写了一段趣味横生的文字：

一小儿在桃树下玩耍，偶将一小串钱挂于树枝而忘之。到处向人寻问，吵闹不休。次日，其父亲打扫庭院，见钱悬树上，乃指示之。小儿始自知其糊涂。……

写完，默默地递给梁漱溟。梁漱溟看了，马上省悟，跑去桃树里伸手一摸就取到铜钱，不禁羞愧万分。

14岁以后，梁漱溟开始有自己的思想或行动。父亲认为好的，便明示或暗示鼓励；不同意的，会让梁漱溟晓得他不同意，却从不干涉。有一阵子，梁漱溟想参加辛亥革命，想出家为僧，父亲虽然不赞同，但都不加阻止，他相信儿子能自己省悟，回心转意。"就在他不干涉之中，成就了我的自学。"梁漱溟在《我的自学小史》中写道。

"我受父亲影响，并不是受了许多教训，而毋宁说是受些暗示。我在父亲面前，完全不感到一种精神上的压迫。"梁漱溟的话，大概也可代表钱穆对父亲的感受。

梁漱溟生于1893年，钱穆生于1895年，两人年龄相去2岁。他们的父亲，梁济1858年生，钱承沛1866年生，都生活于十九世纪下半叶到二十世纪初，他们如此温厚、民主的教子方式，尤其难能可贵。

了不起的祖母

　　读了《顾颉刚自传》，顾颉刚的祖母张氏的教育方式，给我留下深刻印象。

　　顾颉刚的母亲很早便去世，从3岁到18岁结婚为止，顾颉刚一直跟祖母一床睡觉。祖母对顾颉刚是慈爱的，却也是严厉的。顾颉刚五六岁时，家中买了点心款待亲戚，亲戚见小孩子站在一旁看吃，自然地分一个给他，顾颉刚欣然接受。祖母当时不做声，待客人去后，关起房门，打了顾颉刚一顿，从此顾颉刚不敢再看人家吃东西。七八岁时，苏州刚开了广东糖食店，有一次顾颉刚和女佣上街，很羡慕店里的饼和橄榄，女佣就买了一点带回家。顾颉刚以为这回可以大饱口福了，哪知给祖母发现了，把糖食往屋顶一掷，一点也吃不到。顾颉刚忍不住嚎啕大哭。12岁左右，顾颉刚去亲戚家吃喜酒，和六七个小客人同桌，小孩子们得意忘形，竟学着大人的样子喝起酒来，个个喝得酩酊大醉。顾颉刚当场呕吐。被人背回家后，祖母知道了经过，不让他上床，他就坐在堂屋里哭了一整夜。事后，祖母常对顾颉刚说："你父亲爱喝酒，已误了不少的正事，我再不能让你这样糊涂下去！"有了这几次教训，

《顾颉刚自传》

顾颉刚与祖母

年少的顾颉刚在饮食方面非常克制，每经过什么饭店、点心铺之类的地方，从来不想买零食了。至于杯中物，终生不沾。

在其他方面，祖母的要求也毫不放松。除了每晚例行的温习功课，临睡前，祖母总要顾颉刚检讨一天的所作所为，如做了错事，便把事情写在纸条上，贴到蚊帐顶，第二天醒来，把纸条上的字诵读几遍，以示悔过。有的错误较严重，或者属于再犯的，必须另加体罚。祖母这种教育，逼得顾颉刚从小就学会为自己的行为负责。

顾颉刚小时候念的是私塾。一年到头，除新年放一个月的长假外，其他只有端午、八月半放两天假。有一天下大雨，吃过早饭，顾颉刚突然萌生了逃学的念头，便"暗示"祖母："今天雨太大了！"不料，祖母毫不思索地指着天空，命令说："你想不去了吧！就是落铁，也得去！"忆及此事，顾颉刚在《自传》中写道："这斩钉截铁的几个字，我一世也忘不掉。自从到了社会上服务，逢到大雨的时候，我妻在旁边劝道：'不去了吧！'但我立刻说出祖母这句教训来：'落铁，也得去！'祖母的面容十分慈祥，但却闪烁着一对锐利的眼睛，尤其是当你犯了过失时，仿佛看到你心里一般，使你不由得要惭愧而畏缩地低垂了头。"

顾颉刚祖母了不起之处，是她的见识。顾颉刚从小喜欢读书，但在处理人事方面有些笨拙甚至胆怯。祖母深为不满，常批评他："一个人应当眼观四处，耳听八方，像你这样的呆头呆脑，将来怎么可以做事！"又说："忠厚是无用的别名，你一味忠厚，必归无用。"

那时的苏州人富裕，因此养成了养尊处优、不思进取的惰性。比如，一个人一旦取得了科举，就是乡里的绅士，能戴着顶子去见官员，全家及亲戚都觉得脸上有光和满足了。如果他还进一步想外出图更大发展，大家就会讥笑他："他这个人仿佛不会死的。"若是考中科举，要去朝廷做官，亲友们会劝道："'伴君如伴虎'，何必去冒这个大危险！你有现在这点功名已经够了，再爬上去干什么！"若是读书得不到什么功名，呆在家里看看书、写写字、画画山水花卉，或者唱唱昆曲等，逍遥自在，老辈们也把他当作"佳子弟"，不加责备。可是，顾颉刚的祖母却与众不同，她鼓励顾颉刚去外面见世面。民国元年，顾颉刚中学毕业，社会党人陈翼龙在北京办社会党支部，招呼顾颉刚过去，顾颉刚担心父亲反对，便借口北京有一家报馆要他去当编辑，酬薪不错。果真，父亲知道后，来信不答应，但祖母却坚决支持，顾颉刚才得以离开家庭。后来顾颉刚考进了北京大学预科，祖母也很放心地让他前去。亲戚们责备她道："你们只有这一个孩子，为什么放他走得这样远？如说要进大学，那么苏州有东吴大学、上海有圣约翰大学，哪一个不可进呢！"祖母总是回答："男孩子是该让他出出远门的。"

祖母平时省吃俭用，在顾颉刚买书上却极为慷慨。从 11 岁开始，顾颉刚就天天出入书肆，一本一本地买书，一年下来就积累了五六百册。苏州人最重衣着，哪怕锅里没米下，身上也要穿绸衣。顾颉刚的同辈人，从小就是夏穿纱、冬穿皮，非常讲究。但顾颉刚只有到小寒的时候才穿夹衣，到了大寒才得穿棉衣，一件羊皮袍也是直至结婚的那年才穿上。这就养成了顾颉刚艰苦朴素的习惯，也打下了良好的身体底子。

顾颉刚的经历，让我想起另一个人物——著名出版家沈昌文先生。沈昌文也有一位了不起的祖母。沈昌文的祖父早先靠在上海开饭馆发家，到了父亲那一代，因为抽上鸦片，家业急剧破败下来。一家人为了躲避债主，不得不改名易姓。到沈昌文要读小学时，家境已经异常困窘。上什么样的学校呢？如果是附近的弄堂小学，省钱也省事；如果上好学校，意味着要花许多钱。祖母主张一定让沈昌文进好学校，而且是上海最好的学校。于是费尽周折，家人把沈昌文送进了当时著名的"北区小学"。

这所小学，是英国人办的，位于公共租界内，学费自然十分昂贵。

上了好学校，祖母跟沈昌文定了个规矩：只准跟好学校的同学玩儿，不能跟家里附近的"野蛮"小孩玩儿，理由是会沾染他们的不良习气。原来，沈昌文住的地方，许多人家都是贩夫走卒，对子女的教育不够，孩子往往野气、流氓气较浓，动不动就说脏话等等。沈昌文因为祖母的约束，从小跟那些家庭教养较好的孩子接触，各方面习惯良好，他说自己一辈子"从来不会骂人，不会说粗话，说话也不带脏字儿"。小学毕业后，成绩优异的沈昌文，依然听从祖母"一定进最好学校"的"坚决主张"，再次考进了上海的好学校——育才中学，虽然这学校离家路途十分遥远。

民国时期，像这样富有远见的祖母，不止这两例。著名语言文字学家、"现代汉语拼音之父"周有光的祖母是大家闺秀，受过很高的教育。从3岁起，周有光常跟祖母在一起。他们家的房屋靠近河边，每当月亮升起至大窗口时，祖母就教周有光念唐诗。这给周有光最初的文学启蒙。著名翻译家、学者冯亦代的祖母很喜欢带着年幼的冯亦代去西湖边散步，一边讲述着和西湖有关的历史人物故事、传说，像岳母刺字、白蛇传等。更奇的是，识字不多的祖母还给冯亦代提到了张君瑞和崔莺莺的故事。要知道，那时候的《西厢记》还是被列为禁书的。

今天，人们谈及"隔代教育"，往往持否定的态度。其实，隔代教育的利弊如何，不能一概而论，关键在于教育者是什么样的人。

2015.03

"智者的旅店"

　　《许倬云谈话录》中，许倬云先生多次强调在国外求学和做学问时获得的受益。他提及的那种同行间的互学方式，在许多人眼里，未免匪夷所思。

　　上世纪五十年代，二十多岁的许倬云从台湾到美国芝加哥神学院留学研究历史。在一般人想象中，神学院似乎不食人间烟火、沉闷而教条，但真实的情况不然。芝加哥神学院恰恰充满着自由而热烈的学术氛围，即便在澡堂里，也有思想的碰撞。大家在大澡堂洗完澡后，一边等着身体自然干，一边讨论各式各样的问题，没完没了。

　　在神学院的餐厅里、草地上，更是别有一番景致。那里的饭菜十分可口，不少学校的老师都来神学院吃饭。餐厅里，任何不认识的两个人坐下来，第一句话就是："你在研究什么？"一顿饭吃下来，就是谈学问，其中有学习，有讨论，有批评。饭吃完，如果觉得意犹未尽，临别时会说："明天中午我们再见面。"而在草坪上，常常见到一个老教授跟一个年轻学生坐下来，便展开对话。如果一个人无事坐下来，晒晒太阳，旁边的人也会友善地坐过来，问："你在思考什么？"这种景象是许倬云在别处所未曾见过的。

　　十几年后的1970年，许倬云再次到美国的匹兹堡大学做访问学者。匹兹堡大学历史系分为亚洲研究、南美洲研究、西欧研究、美国研究等不同领域。但是，不管在哪个领域，大家的交流都非常密切。每两个礼拜有一个晚上轮流在一个人家里聚会，主人提供啤酒和薯片等简单食品，客人或坐或立，随心所欲；聚会时由一人轮流做二三十分钟的报告，内容可以是理念，可以是关于某本书，聚会时间从 7 点一直到 12 点。

这一段做访问学者的时光，给许倬云留下极其美好的印象，这种"同仁彼此教育的过程非常重要"，许倬云把它比作"门虽设而不闭"。

无独有偶，陈之藩（香港著名科学家、散文家）先生上世纪五十年代往美国求学，也有幸遇到类似的情况。他在《旅美小简》书中写道：

> 欧本海默为主任的那个普林斯顿高等研究所，被命名为"智者的旅店"，是让智者休息、乘凉、聊天的地方。有经常在那里的，如爱因斯坦；也有临时被邀请去的，如汤因比。研究所方面并不计较这些"旅客"的工作，只是提供给他们安适的环境与闲暇的时间，让他们去思想，去作灵魂深处的探险工作。

这种智者聚集一处、如切如磋的"旅店"，的确让人悠然神往。当今时代，还有多少人肯花大把的时间去作所谓的"灵魂深处的探险"呢？

北大中文系主任陈平原在一次受访中说："大学里的人文学者没有心思散步了，不再沉思，全都一路小跑，忙着做课题。"他感叹，"如今，这种伏尔泰式的散步与沉思，基本绝迹"。

以"研究学问为宗旨"的大学如此，作为应试重灾区的中小学更不用谈了。为追求分数的最大化，学生的时间被压榨得连上卫生间也得小跑。随便走进一所中学校园，很难欣赏到傍晚的草坪上三五学生在讨论或嬉戏，哪怕独自发呆的风景。老师一样被应试和各种检查追打得身不由己、昏头昏脑。没有闲暇，缺乏情调，凡事多用"是否有用""是否划算""是否高效"来区分和取舍，这就是当下的教育。

如何摆脱这种教育困境？许倬云和陈平原二位先生用实际行动做出回答。

几年前，许倬云受台湾华英基金的资助，在南京大学成立高等研究院，每年腾出一两个月亲临指导，以期"突破科系的限制，各科系里想做研究的人，暂时脱离教学……而且，不同科系的人在一起做研究，可能冒出新的理念，冒出新的火花。"许倬云这样说。与之相呼应，陈平原也在北大中文系倡导"博雅清谈"教育，每过一段时间，老师们聚在一起，围绕某个话题，进行非正式的"聊学问"，简单说，就是聊天。

南大高等研究院和北大中文系在中国首开了"智者的旅店"。这是一个良好的开端。

2013.05

"出气孔"里的寂寞

　　陈之藩先生的书《看云听雨》中，有两篇文章专门写了数学大师陈省身。第一篇是写于 2004 年 9 月 19 日的《陈省身与爱因斯坦》，当时陈省身尚健在；第二篇《畴人的寂寞》，写于 2004 年 12 月 13 日，陈省身刚去世 10 天。两文写作时间相隔仅三个月。

　　在《畴人的寂寞》里，陈之藩肯定了陈省身非凡的数学天分与卓越的贡献，进而评论了陈省身的诗作：虽然内容新、诗意盎然，可是从形式上看，既未顾平仄，也不理会押韵，"实在不能说是很好的诗"。文章以陈省身早期的新诗代表作《纸鸢》以及几首古体诗为证，说明陈省身的新诗"新意盎然……但文字上却未把感情表达出来"，古体诗"意境都很清新"，但念起来又不像诗，原因是好借用前人的诗句，却又"搬不动"，无法化用为自己的，导致感情传不出来，形式上也欠美。

　　对诗的优劣，我不敢妄评，但读过陈省身撰写的回忆文章，的确感觉文字偏于枯瘦，舒展不开，尤其跟民国时代其他一些科学家比起来。那时候，不少科学家虽然从事理科研究，但文字见功力，文史学养深厚。陈之藩先生本人就是。

　　个中原因，我想，并非陈省身"笨"，而是与他独特的教育经历有关。因为一个人"表达感情的细节，也要经过一番文字的历练"。

　　据陈省身回忆，他出生于嘉兴，鱼米之乡，文化底蕴厚实。父亲 15 岁就中了秀才，后来从浙江法政专门学校毕业，长期从业于司法界。他父亲善于吟诗作文，1964年，老人家"重游泮水"，友人们写诗祝贺，他也写了数首纪念。诗的好坏不提，至少说明陈省身的家学良好。

可惜，第一天上小学，第一次孤零零在学校吃饭，陈省身觉得太凄凉，又见老师狠打学生的手心，第二天起就因害怕而不去上学，此后在家中由他父亲陆续教些算术，做习题。几年后，直接进了初中，很快又进入高中，15岁就考上南开大学。陈省身在数学方面早慧，很少有难住他的数学题，中学时不断跳级。除了对数学，陈省身对其他学科也感兴趣。他说自己喜欢去图书馆看杂志，"乱七八糟的书都看"，尤其爱读历史、文学、掌故。在作文上，他文思敏捷，一个题目可以连写几篇，有的作文给其他同学拿去充当作业，成绩也不赖。此外，他还喜欢看运动比赛，爱打桥牌。

可惜，在数学之外的诸多领域，陈省身都没有获得什么深入的进展，不像同时代的许多大科学家，几乎个个有艺术的爱好，且达到相当的造诣。他暮年时不无遗憾地承认自己"一辈子弄了数学，别的多不会了，晚年尤甚"。

为此，陈之藩分析说：像陈省身这类天才型的儿童，在某个学科上，他们是抢先了；从其他科目的教育看，却是错失了最佳的发展时机，"未得全面自然地发展"，于是，陈省身本人"本不见得不能成为诗人，因得不到正规发展的机会，而终究成不了诗人了"。

接着，陈之藩对通识教育提出看法：

> 目前，常常有人说我们急需通识教育。但问题又出在通识教育的内容为何？通识并不是再加上一本几百，甚至上千页的大书，包括上下古今的各类学科，强逼学生背诵……倒不如帮学生发展出一种专门的嗜好或技巧，可以使他们自我享受，继续学习一辈子。比如弹琴、唱歌、作诗、画画、下棋、写字等等，向深处发掘，向高处发展。换句话说，至少维持一个与外

界相通的出气孔，可以呼吸，不至于窒息而死。

　　陈之藩本人是电子工程方面的专家，更兼是散文名家，这番话背后有很深的个人体验和见识。当下，许多人以为"通识"就是什么都学一点，都"通"一点。这观点固然不能说全错，但脱离了学生的接受能力，往往导致学生厌学。当然，过早地进行专长训练也会导致偏食、营养不良、畸形发展，最终堵塞了个人与外界的自由交流。

　　在《畸人的寂寞》一文的最后，陈之藩说，陈省身在数学上的确做到了自我享乐，"可是他与周遭众人却无法沟通，于是就自己念诗作诗，以求唱和，但他又不大会作，……原以为用中国字作的诗，可以表达出自己的感情，甚至矛盾的心绪，结果是因技巧不足而不能完全表达出来"。于是，这位"畸人"才倍感"寂寞"。

　　这些话，虽有点近乎苛求，但确实是"读"出了陈省身灵魂深处的那一份落寞来。

2014.12

张伯苓的"三个一"教育法

　　"南开之父"张伯苓先生，创办中国第一所私立学校——南开中学，继而扩大办学规模，创立南开大学、南开女中、南开小学，由此形成了扬名中外的南开教育体系，在民国时代，为国家培养了大批英才。张伯苓主持南开学校达四十年之久，其独到的教育方式（我概括为下面三个"一"），至今仍发人深省。

　　一次演说。从创立学校不久，张伯苓便推行每周三课后例行一次"修身班校长讲演"。演讲面向全校师生，演讲者以校长为主，也邀请各界名人加盟，比如曾邀请梁启超、陶行知等。演讲内容分为时事、训言、报告、名人四大类，涉及面非常广泛。有意思的是，当时还极少受学校重视的生理卫生也被纳进演讲范围。

　　张伯苓本人的演讲不拘一格，有时即兴发挥，但都言之有物，不尚空谈。他常把自己外出访问时的一些见闻和感想，当作演讲的题材，真实恳切，教育效果非常好。民国时期，每周一次演讲做

南开中学"四十字镜箴"

得有意义的，除了张伯苓之外，就是梁漱溟先生 1931 年至 1935 年在山东乡村建设研究院的"朝会"。南开学校的"修身班校长讲演"和梁漱溟的"朝会"，有别于国民党推行的"党化教育"（即学校每周星期一早晨必须参加孙中山的纪念周，背诵总理遗嘱等等）。

顺便一提，正因为有了南开的"修身班校长讲演"，我们今天才得以通过当时的笔录，了解到张伯苓的教育思想。

一面镜子。关于南开学校，常被人们提及的，是师生每天进出校门时必面对的那面大镜子。镜子旁镌刻着"四十字镜箴"："面必净，发必理，衣必整，纽必结。头容正，肩容平，胸容宽，背容直。气象勿傲、勿暴、勿怠。颜色宜和、宜静、宜庄。"

这面镜子是张伯苓和被称为"校父"的严范孙先生主校期间立的，箴言由严范孙书写。关于悬挂镜子和"镜箴"的目的，1915 年张伯苓在一次谈话中说："此镜所以备学生出入时，于此自行休整姿态，不特衣履可免失度，即腰驼背曲可戒警于无形，其用意深远如此，而事轻易举……较之教师危言色厉以施训练者，感化甚易，而收效出于自然……"又说："章程规则形式可观，实际无用。故本校于此无不简单。"由此可见，张伯苓治校，注重平时举手投足间习惯的养成，让学生慢慢受"感化"，变成"自动"。这种重养成、重实效，轻形式主义的教育理念，颇耐人寻味。

2004 年 10 月，南开中学百年校庆之际，年近八旬的校友、火箭专家梁思礼院士来到东楼的镜子前，还能一字不差地背诵出"四十字镜箴"，足见这面镜子和镜箴对学子影响之深远。难怪当年，哈佛大学校长伊利奥来南开参观时，发现这里学生的"仪态"与别处明显不同，感到很好奇。张伯苓带他到镜子旁，详加解释。伊利奥回美国后广为宣传，不久美国洛克菲勒基金会专门派人来到南开拍照，并将之刊登在美国的报纸上，同时对张伯苓的做法给予高度肯定。这大概算是中国教育较早一次走出国门走向世界吧。

一枚竹签。如果说，演讲和镜子是正面的引导和示范，竹签便是一种鞭策与警醒。无论怎样完美的教育，学生犯错总是难免的。对犯错的学生，张伯苓最初的处理办法是给予悬牌记过，相当于现在的全校点名批评。后来，张伯苓觉得这办法太苛刻，就不再全校点名，改为把姓名在预备室里公开，"以养其廉耻"。再后来，又发觉光是给学生记过，而没有给他"自新之路"，还是不够的，于是又发明了一种"改过法"。具体办法是：凡是学生犯过，先由管理员叫来诘问，如果学生"立志痛改"，就发给他一枚竹签，把他的事情记录上面，名叫"立志改过签"，让学生"随身携带，坐卧不离，以资警励"。等到学生确实有所改正，便取消竹签，即"销案"。

对此，张伯苓的看法是："学校对于犯过之学生，犹医生之于病者耳，非如警察之于盗贼也。"而医生对于病人，就应该以治病救人为原则。当然，有形的竹签只是一时的办法，张伯苓认为，人非圣贤孰能无过，每个人必须有一把无形的竹签，置于脑中，时时与内心的"魔鬼"展开作战。

张伯苓说，教育的宗旨在于培养"完全人格"。演讲也好，挂镜子也罢，或者发竹签，都是很好的教育手段，只是偏重于外在的约束力。让受教育者的心中时时有一枚"无形的竹签"，也许，这才是"完全人格"教育之关键。

2014.12

"黄调"

    黄侃，近代音韵、训诂大师，章太炎先生的大弟子。黄侃为人处世率性而为，有时怪诞不羁，异常出格，可谓离经叛道，人称"黄疯子"。身为大学教授，他的课堂表现也与众不同：上课随便，兴之所至，东拉西扯，无往不至。然而，在这看似漫不经心的"扯谈"中，大有学问在焉。据黄侃的得意学生陆宗达回忆，有一次黄侃上课，足足用了 20 分钟大谈昨晚他与儿子打架的事，可接着一讲正题，"这接下来的二十来分钟够你消化好几天，一辈子享用不尽"。另据多名学生回忆，黄侃做学问和备课都极其认真，每一次讲课都有新的内容，他的课，足以让人百听不厌，常听常新。可见，黄疯子的教学，一点也不疯，或者"疯"得有水平。

    最值得称奇的是，黄侃发明了一种独门的诵读方法。冯友兰在《三松堂自序》中说，1915 年他从上海公学考到北大哲学系，当时北大的学生学习非常自由，可以穿梭在各个系里自由听课，老师从来不点名。冯友兰便慕名去听中文系名教授黄侃的课。黄侃正在讲授《文选》和《文心雕龙》。对这些古典书籍，冯友兰之前连书名都没听说过，自然理解起来就费劲。但冯友兰对黄侃的上课印象极深刻，他说："黄侃善于念诗念文章，他讲完一篇文章或一首诗，就会高声念一遍，听起来抑扬顿挫，很好听。他念的时候，下边的听众都高声跟着念，当时称为'黄调'。在当时宿舍中，到晚上各处都可以听到'黄调'。"可见，黄侃"念书"的魅力。暑假冯友兰回老家，又把这"黄调"传授给他的妹妹冯沅君，冯沅君聪明绝顶，很快便掌握了，"不但会讲会念，而且会写，居然能写出像六朝小赋那样的小品文章"。后来，冯沅君考上北京女子师范大学，走上文学创作和研究的道路，"黄调"功不可没。

古典文学专家程千帆也是黄侃在金陵大学的学生。程千帆清晰地记得，1935年10月5日那个阴沉沉的下午，在教室里听黄侃老师讲《诗经》的情景：黄侃用"非常低沉、几乎哀伤的声音"念《诗经》里有关民生忧患的诗句，念完并未对经文和传文做任何解说，话锋一转，大谈起中西文化的异同来，但大家的心弦却深深地被触动了。"当时的情景，现在还牢牢在地铭记在跟我一同听讲的孙望先生和我的脑海中。"事过近半个世纪，程先生如是写道。

的确，有时简单的朗读，胜过语文教师的千言万语。在我中学阶段，两位语文老师独特的朗诵也给我留下深深印记，让我第一次感受到了文字之美、情感之美。

上世纪八十年代初，我上初一，任教语文的是位50多岁的林老师。林老师上课不苟言笑，对学生要求十分严格。一次，上的是诗人柯岩的作品《周总理，你在哪里？》，刚上课，林老师突然一改往日的古板严肃，神情凝重地对我们说："同学们，今天我要给大家朗诵这首诗，可能会控制不住自己的情绪，我希望你们千万不要笑。"没料到老师会突然提出这种奇怪的请求，我们顿时个个正襟危坐，大气不敢出，好奇地等待着什么。稍顿一会儿，林老师放开嗓子朗读起来："周总理，我们的好总理，//你在哪里呵，你在哪里？//你可知道，我们想念你，//——你的人民想念你！"他的声音苍老而不失洪亮。读完，林老师一言不发，教室里也一片寂静。林老师流泪了没有，我不知道——我不敢抬头看他。但这并不重要。从此，我懂得了文章不是只有小学时代的那种老和尚念经似的念法，还有一种念法，可以像歌唱一样，把自己的全副情感投放进去，纵情地读，它叫作朗诵。此后我留意搜集现代诗，或者优美的歌词，偷偷地在家里练习朗诵。在一声声朗诵中，我走进文学的殿堂。

高中时代，我又碰到一位语文老师。当时上的是《林黛玉进贾府》。语文老师简单介绍完《红楼梦》的背景，就开始朗读课文。这是一篇很长的选文，语文老师竟然一个人从头到尾读下来，一节课没读完，第二天继续，依然是他唱独角戏。语文老师自始至终模仿着不知是什么戏剧里的那种怪怪的语调，乍听感到别扭，但很快就适应了，慢慢地，又觉得别有味道。语文老师读完，还分析了文章的主题和手法，这些我如今全忘了，仅记住他朗读时的那种余韵，以及他那自我陶醉的表现。

多年后，我也成了语文教师，最喜欢做的事，就是给学生"念"文章——课内的，课外的。

我不知道，20多年了，在我并不精彩的朗读中，是否有年轻的心也曾被我的"春调"轻轻地拨动过。

2013.09

陈独秀写"妙文"

　　小时候的陈独秀不是个中规中矩的孩子。因为厌恶读经书，背书背不出，他常遭祖父的毒打，并被视为"家门不幸"，祖父甚至断定他长大必定是个"杀人不眨眼的凶恶强盗"。虽然陈独秀后来没有落入祖父预测的角色中，但先后成为"康党、乱党、共产党"，在当时人们看来，和"凶恶强盗"也差不了多少。

　　陈独秀的"顽性"不仅表现在厌读经书。陈独秀出生才几个月，父亲便去世了。有一年，族长手下有位户差（专门奉行族长之命，逮捕族中不法子孙到祠堂接受各种处罚），同时也是一位"阴差"（民间称临时

北大红楼

为阴间当差办事的人，传说可下到阴间与鬼魂沟通），这人常来陈独秀家，借口他在阴间遇到了陈家某几个祖先，祖先说没钱花了，委托他到家里要钱买纸钱、银锭等烧给他们。每次，陈独秀的母亲都恭恭敬敬地款待这位"阴差"，也送些钱给他，托他代买纸钱和银锭去地府。当然，陈独秀的母亲也不是不知道"阴差"的鬼把戏，只是不想拆穿而已，任由他去。

有一天，"阴差"又上门来，先是张大嘴巴打了一个呵欠，接着直挺挺倒在床上，嘴里嘟哝些谁也不懂得的话。大家知道，"阴差"又来要钱了。这时，年少的陈独秀忍无可忍，约来十几个小伙伴，佯装从前门和后门奔跑进来，一边高声喊某处失火了。"阴差"突然停止了胡言乱语，打了一个呵欠，装作"回到阳间"了，闭着眼问：这边是失火了吧？陈独秀的母亲站在床边微笑着回答："是的。""阴差"继续诳说：果真如此，我在阴间早已知道了。陈独秀在一旁听了，差点大笑。这次"鬼把戏"虽然给陈独秀戳穿了，可厚道的母亲照例用酒肉和钱打发了"阴差"。这"顽性"的背后，足见陈独秀嫉恶如仇的秉性。

陈独秀在《实庵自传》中记载，十七岁那年，为了讨寡母的欢心，他硬着头皮参加了县考。由于是临阵磨枪（考前一两个月才由陈独秀的哥哥为他讲解八股文写法），名次自然很低，但总算通过。不久参加了院试。院试题目是一道"截搭题"（科举考试时将经书里的一些语句截断牵搭作为题目之意）——《鱼鳖不可胜食也材木》。陈独秀对这类"不通的题目"非常反感，但又不能交白卷，此时他的"顽性"又起，决定以毒攻毒——用"不通的文章"来对付"不通的题目"。他把熟读的《昭明文选》上所有关于鸟兽草木的难怪字眼以及《康熙字典》上荒谬的古文，"不管三七二十一，牛头不对马嘴，上文不接下文的填满了一篇皇皇大文"。有位负责考试的官员亲自过来收拾卷子。他翻开陈独秀的卷子看了几行，就对正要离开的陈独秀道："站住，别慌走！"陈独秀以为大难临头了。官员浏览了全文，睁大眼睛把陈独秀从头到脚研究了一通后，问年龄，问为什么当时不考幼童，陈独秀一一作答。官员点点头，鼓励陈独秀道："年纪还轻，回家好好用功，好好用功。"

回家后，陈独秀把文章底稿递给早已身为秀才的哥哥看，哥哥看后，眉头紧锁，一言不发，足足一个小时。陈独秀明白，哥哥对自己非常失望。然而，出乎意料的是，这篇用偏怪字胡乱串联起来的"不通的文章"，竟蒙住了那位不通的官员，他大概看不懂，又不敢轻易否定，干脆把陈独秀列为第一名。喜讯传来，陈独秀的母亲喜极而泣——儿子终于不会成为公公眼里的"凶恶的强盗"了，说不定将来还能出人头地呢。随后，乡里人对陈独秀一家更加另眼相看，甚至穿凿附会地编造出种种神话，说陈家风水如何好，在陈独秀出生前他母亲做过什么奇异的梦等等。更有趣的是乡里几户有钱人家，竟看中了陈独秀，争先恐后托人打听陈独秀是否已经定亲。对此，陈独秀在自传中调侃道："他们真想不到我后来接二连三做了使他们吓破了胆的康党、乱党、共产党，而不是他们所想像的举人、进士、状元郎。"也因为这次充满戏剧性的"成功"，陈独秀更深切地看到中国科举制度的荒谬。

历史常常是相似的。几年前，有的学生在写高考作文时也堆砌起一大串的好词好句，把整篇文章涂抹得让人云里雾里。这些高考"佳作"发表后，不少教师觉得文章空洞无物，甚至不知所云，但得分居然都极高。读到陈独秀的自传，我忽然记起当年这些高考"佳作"，不由想：在这些机灵的考生中，将来是否能产生出一两个陈独秀似的大人物来？

2014.12

好玩的数学

我从小怕数学，至今谈"数"色变。前不久，偶然翻到教育家陈鹤琴先生的一篇文章《为什么小孩子不喜欢算学》，不知为什么，竟被吸引住了。读了一半，不由感叹道：这才是真正的数学课！

为什么十有八九的孩子不喜欢数学呢？陈鹤琴说，重要原因是教师的教法太呆板，不会利用儿童的生活环境来做算学的教材。他举例说，教 2∶4=16∶32 这个关于比例的题目，非常抽象，学生不易理解。不妨利用身边的生活环境作为教材来教学生，比如我们要知道一棵树的高，就可以用比例来算一算。我们只要量树的影子就可以知道了：用一根竹竿插在树的前面，假定 2 尺长的竹竿有 4 尺影子，而树有 16 尺影子，这就可以算出树的高度了。

此外，教师还可以创设特定的情景，比如，通过讲故事的方式，把学生引入算术方面来。陈鹤琴举了一个神奇的例子。

有一个军官带领 32 个兵士，看守炮台。炮台共四面，每一面有 9 个兵士，敌人看了，不敢进攻。过几天，两个兵士出去送信，只有 30 个人了。军官就重新分配，每面仍是 9 个人。又过了几天，敌人围困很急，他又派了两个人去送信求援兵。他把 28 个人，重新分配，每面还是 9 个人。过几天，两个兵士受伤，剩下 26 个兵士了，他发了一个命令，叫那些兵士重新排列，仍是每面 9 个人。仗打到后来，炮台上只有 20 个兵士了，他让这 20 个兵士照着下面的图形进行守卫，同时一边跑来跑去，时时变换岗位，敌兵看到每面仍然有 9 个守兵，始终没有一个人给他们打死，疑心这是神兵，魂飞魄散，于是自动撤兵。

4	1	4
1		1
4	1	4

6	1	2
1		1
2	1	6

1	1	7
1		1
7	1	1

5	1	3
1		1
3	1	5

　　面对这样趣味横生的数学题，小学生不好奇、不喜欢才怪。

　　陶行知先生的《斋夫自由谈》一书，也收进了一篇跟算术有关的短文。

　　1930 年陶行知在"新世界"见到一位叫佐利的女子，是个大胖子，体重 560 磅，刚好是陶行知的三倍半。于是陶行知把大胖子的照片剪下了，并题了一首"游戏诗"，寄给一个小学校做国语和算术的练习。同时，陶行知还希望学校小朋友们把自己的身体也称一称、算一算，再和佐利女士比一比，将"游戏诗"的最后一句的数字改了寄给陶行知，陶行知答应有东西回赠。这首"游戏诗"是：

　　　　佐利女子胖中胖：

　　　　称称五百六十磅；

　　　　将伊和我比一比，

　　　　三个半！

　　读了这首滑稽好笑的游戏诗，我除了会心的笑和由衷的感动外，想：真正的教育者，本质上一定是个好玩的孩子。

书在肚子里

　　台湾作家琦君上世纪三十年代在杭州的之江大学（1952年并入浙江大学等）国文系读书，师从"一代词宗"夏承焘先生。课堂上，夏承焘勉励学生必须趁年轻记忆力强时多读书，多做笔记。做读书笔记的原则是"小、少、了"：本子要"小"，一事一页，分门别类；内容要"少"，文字精简；最重要的是"了"，即必须完全领悟，而且有独立思考。夏承焘还告诫学生："案头书要少，心头书要多。"他说："一般人贪多嚼不烂。满案头的书，却一本也未曾用心细读。如此读书，如何会有成就？""心头书要多"，夏承焘自己连《十三经注》都会背诵。

　　陈从周先生是我国杰出的园林大师，他回忆当年读书经历时，有一本书对他后来研究建筑史和园林艺术启发极大，堪称"一本最概括的索引"。此书就是中国古代儿童的启蒙读物《幼学琼林》。这本书，是陈从周在私塾中由他老姑丈亲授的，书中有许多人物传略、历史、地理常识等。那时，年幼的陈从周不完全懂得其中的内容，但总觉得读起来音节很美，朗朗上口，于是天天背诵，长大后就豁然贯通了。

　　美学家朱光潜先生学国文，走过的路相对曲折些，他受过"极旧的和极新的双重影响"。朱光潜从6岁起读书，直到14岁，所受的都是私塾教育，唯一的老师是他的父亲。"四书五经"之中，他幼时全读的只有《尚书》《左传》。《诗经》没有正式地读，但在私塾里常听别人读《诗经》，听久了自己也能成诵大半。因此朱光潜记得最熟的经书，除《论语》外，就是《诗经》。私塾里的读书程序是先背诵后讲解。在"开讲"时，朱光潜能了解的很少，可是一旦熟读成诵，"一句一句地在舌头上滚将下去，还拉一点腔调，在儿童时却是一件乐事"。因为乐在其中，朱光潜对"早年读经"的事就不会像许多同时代名家那样偏激，他在《从我怎样学国文说起》中说："这早年读经的教育我也曾跟着旁人咒骂过，平心而论，其中也不完全无道理。我现在所记的书大半还是儿时背诵过的，当时虽不甚了了，现在回忆起来，不断地有新领悟，其中意味确是深长。"这话颇公允。

著名社会史学家陶希圣在回忆录《潮流与点滴》中说起一件趣事。陶希圣是湖北黄冈人，当时的黄冈万氏是闻名遐迩的"读书人的村落"。周边以至外省的人，常来此地聘请私塾教师。有一回，河南省光州某读书人家来黄冈万氏聘老师。来人一进大门，看见所聘的老师正在吃饭，没有方桌，只用挑米的箩筐倒过来，当作桌子。"桌上"摆咸菜一碗，糙米饭两碗。来人送上聘书，留下安家费，老师吃过饭，说走就走。到了河南光州，老师被迎进了东家的书房，随身携带的全部行李就一个破砚和一支朱笔。东家见状，委婉说："老师行囊并无奇书啊。"老师知道东家的意思，指指自己的肚子说："我的书在这里，要什么奇书。"

私塾老师的话让人想起《世说新语》中那位东晋名士郝隆先生："郝隆七月七日出，日中仰卧。人问其故，答曰：'我晒书。'"大概这"日中仰卧"相当于现在流行的日光浴吧。无独有偶，康熙年间的大学者、诗人朱彝尊也有此豪举，在六月初六这天，袒肚露胸晒太阳，自谓之晒书，借以表示自己诗书满腹。

众所周知，陈寅恪晚年失明，仍撰述不辍，靠的就是肚子里的那些书。其实，像这般博闻强记的学者在那个时代不乏其人。俞平伯快83岁时，不复耳聪目明，但只要学生吴小如提出问题，无论"四书五经"，还是唐诗宋词，俞老十有八九都能如响斯应，背诵如流，当场给予满意的答复。后来当了北大教授的吴小如慨叹道："老一辈的专家才是真正读书，我们这一代人充其量不过是翻书、查书而已。"

　　出生于 1922 年的吴小如先生是我大学老师齐裕焜教授的老师，算上去至少是我的太老师。吴老先生读书尚且"不过是翻书、查书"，我呢？最多只配"搬书"了。

2015.01

土匪的字条

郭沫若的老家在四川嘉定的银河（大渡河）沙湾。清末至民国年间，此处是远近闻名的土匪窝。这些土匪大多出自郭沫若的家乡。他们尽管明火执仗、无所不为，但抢劫的对象一般是乡下的恶霸地主之流，同时讲义气和原则，比如，在本乡十五里之内绝不生事——所谓"兔子不吃窝边草"。

郭沫若的父亲年轻时曾以贩卖云南云土（即鸦片）为生。有一回，他家从云南采办了十几担云土回来，在离家三十里远的千佛崖遭了抢劫。挑夫们纷纷逃了，只剩采办的人回来报告情况。郭沫若的父亲没想到居然会遇上土匪抢劫，这可是第一遭啊，但也无能为力。谁知，第二天，家里人打开大门，发现被抢去的十几担云土原封不动地陈列在门前的柜台上，同时附有一张无名无姓的字条：

> 得罪了。动手时疑是外来的客商，入手后查出一封信才知道此物的主人。谨将原物归还原主。惊扰了，恕罪。

细读这张不起眼的字条，我忍不住肃然起敬。短短48个字（含标点），却起承转合，有板有眼。既交代了事件的经过，解释了误会，又表达了歉意，寥寥数语，字字有用，不愧为一篇应用文佳作。

据郭沫若在自传中回忆，这些土匪，大都是中产人家的子弟，因当时谋生不易，才铤而走险入了这行。而那时代的中产人家子弟，不少人都受过一些教育（至少是私塾教育），文化程度并不低。从这张简单的字条里就可见一斑。看来，土匪帮中，不乏写文章好手。

偶然接触到一本《中华民国史档案资料汇编》（军事部分），里面收录了许多解放战争期间国民党部队的"代电"（接近于电报文稿）以及比较详细的战报。打开目录时，心想：这些"急就章"文字，出自一群武夫之手，况且拟写于炮火纷飞的战地，大概没什么看头吧。信手翻翻，发现自己太低估了它们。谨举两份"战报"为例。

1946年7月24日，《国民党第四十九师第七十九旅文礼部进犯如皋及其东南地区战报》对当时"影响于战斗之气象地形及住民地状态等"的描述：

> 时值盛暑，天气异常酷热，白昼行军，人马中暑者不少，部队易感疲劳。夜间气候凉爽，行动甚得其利。日出拂晓五时卅分，日没八时顷，白昼约十四时卅分，昼长夜短。月龄下弦（十八日至廿五日），前半夜阴黑，十步外不见人影，后半晚一时后，始见月色，利于匪军夜暗之运动接近及攻击。而我之防守，则较困难。
>
> 战地平坦开阔，河渠纵横，遍地高粱、玉蜀，已成青纱帐。村落星散，多系茅屋，防守时不足凭借。村缘及河岸，均有树木展望，搜索十分困难。而匪军匿迹，则称便利。

这段文字，文白相间，朗朗上口，画面感极强，颇像一篇优美的写景小品。

1947年，国共在山东孟良崮展开激战。当时双方投入的兵力达七八十万，战后双方伤亡十分惨重，估计五六万以上，其中，国民党著名的七十四师全军覆没。当时战况血腥到什么程度，《国民党第一兵团在鲁中蒙阴孟良崮地区狙击解放军遭受惨败战报》做了详细报告（仅选其中几段）：

先生当年
教育的陈年旧事

十五日拂晓前，匪军陆续增加，不断扑犯，枪炮如雨，火光烛天，匪方发射烧夷弹极多，我军所据村落工事，尽皆着火燃烧，战斗惨烈，素所未见。……

十六日拂晓后，匪军逐渐侵入半山，我占领区域愈小，山岭倾斜愈急，我机所投粮弹，十九为匪所得。是时，我旅、团以下无不受伤或阵亡。然我官兵无不义愤填膺，发指眦裂，与匪作殊死战，虽负伤再三，犹据地射击，死而后已。午间，我仅据守孟良崮、芦山及600高地三点，匪军四面突入，陷于混战。迄午后四时，则仅存孟良崮山顶，匪我相距数十公尺，我张师长、蔡副师长及负伤之陈旅长、卢旅长等，亲率师部特务营之一部及各旅官兵数百人，奋呼格斗，弹尽继以枪刃，刃折继之以石。迄午后六时，匪我相距咫尺，我张师长、蔡副师长等，皆于手毙匪徒后，以其最后之一弹，慷慨成仁。是时，狂风骤起，杂以雨雹，惨烈之象，诚足以惊天地而泣鬼神。我整七十四师全体官兵，于此完成其壮烈牺牲、尽忠报国之神圣职责。

又据负伤官兵称：十七、十八等日，负创离开山地时，自山顶以至山脚，尸骸委积，至于不能通行，山下沟渠，亦为尸骸填塞，雨后流水尽赤，匪、我伤亡，当在七、八万云。

这几段战报，有正面描写，有侧面烘托，细节逼真，刀光剑影，历历在目，其文字表现力非同寻常，绝非一般的"文书"所能为。

据说，现在不少大学生，连张请假条都写得不伦不类。如果让这些高学历的学子读了上述土匪的字条和国军的战报，不知作何感想。

2014.07

苏步青学外语

苏步青是我国微分几何学派创始人，在国际上被誉为"东方国度灿烂的数学明星"与"东方第一几何学家"。但他的外语水平之高却鲜为人知。在自述中，苏步青说自己一共掌握七门外语——日语、英语、法语精通，其他几门达到能阅读数学专著的程度。苏步青曾不无自豪地称，上世纪六十年代他率团出访欧洲数国，一人身兼数职，其中之一是兼任翻译。

苏步青并非出身于书香门第，而是贫寒的农村。他学习外语，颇有独特之处。

1919年秋天，苏步青以第一名的成绩从中学毕业，带着校长寄给他的200银元以及殷殷期望，到日本东京留学。当时国民政府规定，留学生只有先考取了指定的几所学校，才有资格享受国民政府的公费资助。但考取前的一切费用均由个人支付。这对于家境良好的家庭而言也许不算什么，可是苏步青却犯愁了，他不懂日语，如果要先进日语补习学校完成日语补习，耗时漫长，加上日本消费水平较高，每月至少得花费40元。苏步青计算了一下，即便花光了身上的钱，日语还是学不会。无奈之下，只好另辟蹊径了。

好在天无绝人之路。经人介绍，苏步青住进日本家庭出租的房间，同时附带拜房东大娘为师学口语——因为口语面试关，是苏步青最头疼的。从此，每天清早，苏步青跟随房东大娘去买菜，一路仔细听她和周围的人对话，自己小声地重复着、记忆着。三餐后，跟大娘一家口语交流，晚上让大娘给他讲日本民间故事和神话传说。这期间，苏步青还兼顾温习其他各科的功课。

开春后，苏步青报考了著名的东京高等工业学校，该校有中国政府的统一拨款，中国学生可享受公费留学待遇。然而竞争激烈，录取率仅10%。

数理化英语等科目都容易对付，轮到日语口语面试，苏步青心里就没底了，因为自己没有进入专门学校，也没有经过正规老师的教授。幸亏苏步青机灵过人，到了下半场，他采取主动出击的办法，当考官问他住所时，他选择自己熟悉的词汇，介绍住大娘家的情况，还把大娘告诉他的故事一股脑搬出来，讲得考官难以置信。接着，听说苏步青到日本还不足半年，学口语才三个多月，考官更惊讶不已，当场宣布口语考试通过。

四年后，苏步青以各科第一的成绩从东京高等工业学校毕业。随即，苏步青又考上了日本东北帝国大学数学系，这所学校汇集了当时日本诸多一流的数学家，在世界上享有盛誉。

在东北帝国大学，苏步青遇到了严厉的洼田忠彦教授。一次，苏步青拿一道几何难题去求教洼田教授。这位著名的几何学家冷冷地告诉他，先读完沙尔门·菲德拉的解析几何著作，再去找他。苏步青到图书馆找到此书时，顿时呆住了。这是一套三卷本的书，近2000页，而且是德文原版。此时的苏步青虽已掌握日英法文，对德文却一字不识。苏步青没有放弃，他一边自学德文，一边啃原著，一学期后，读完这套书。当再次拜见洼田教授，苏步青深深地向教授鞠一躬，表示感谢。这套书解决了苏步青的难题，还帮他将解析几何知识系统化，更重要的是，让他学会了一门新的语言。

如果学日语、学德文是外力所逼，另一门语言——意大利文——就是苏步青主动学习的。随着研究的深入，苏步青感到意大利在几何学上闻名世界，而自己无法阅读原著。为了研究几何学，他决心学习意大利语。

可东北帝国大学似乎没有开设意大利语培训班。苏步青发现大学旁一座天主教堂里的神父是意大利人，到日本传教已有20多年了。为了接近神父，苏步青特意买了一套做弥撒穿的白外套，还参加了几次祭祀仪式。不久，听说年过花甲的神父有心物色新教徒来接班，苏步青感觉机会来了。

几番接触后，苏步青和神父渐渐熟悉。一天，苏步青趁机向神父提出向他学意大利语的请求，神父爽快答应，并且允许苏步青每天晚上都可以去找他。神父之所以如此热情，也有自己的想法。

从此，每晚苏步青都去神父家上课。神父教得也认真。三个月后，苏步青已能够独自阅读几何学原著了。于是苏步青带一笔学费去找神父，告诉他自己学意大利文的初衷。神父在惊愕之余，竭力挽留苏步青，希望苏步青能留下，今后接自己的班。为此，双方还展开一场辩论。神父说，只有宗教才能拯救人类。苏步青说，只有科学才能造福于人类。神父无可奈何，最后道："每个人都有自己的宗教，你把数学当作自己的宗教。孩子，你去努力吧！"神父分文不收。

掌握了意大利语，对苏步青帮助很大。他在大学期间，与意大利的几位著名数学大师直接书信往来，获得巨大的帮助。后来，苏步青还用意大利文撰写数学论文，在意大利的著名杂志上发表。

2014.08

且看季羡林"赤条条地走上舞台"

翻开季羡林的《清华园日记》，纯因好奇。

该书是季羡林 1932 年 8 月至 1934 年 8 月在清华大学西洋文学系学习期间的日记。2002 年出版过日记的影印本。我手头的书，是根据影印本一字不改照排的，连错别字也不予更动，可谓"实录"。季羡林把这喻为"赤条条地走上舞台……目的是向读者献上一份真诚"。说实在的，阅读之前，我对出版社及作者本人的表白颇为怀疑——太多的人喜欢如此信誓旦旦，结果不过是换了一种方式去"粉饰"而已。

读了 30 多页，失望的情绪在心头漂浮着。所记无非上课、下课、睡觉，一堆流水账，索然无味。

耐着性子往下读。一幅二十世纪三十年代大学生活的图景，终于一点点地展开。我体会到何谓"赤条条地走上舞台"。

在引言中，季羡林声明自己从来不是"圣人"。是的，在日记里，我看到一个真真实实的大学生：他时常"刷课"（逃课），为了观看球赛，或者打牌、打麻将，或者只因心情糟；他对那些把学生当成抄写机器的课堂感到愤愤不平，对"念书只为考试"的现实发出"终日在考里过生

《清华园日记》

活，为考而念书呢？为念书而考呢？"的质疑；他也在考场上为自己能趁机"大看别人笔记""大抄一阵"，"心里颇舒散"；他还坦言："论文终于抄完了。东凑西凑，七抄八抄，这就算是毕业论文。论文虽然当之有愧，毕业却真的毕业了。"他甚至由于考试的失利，担心会失去山东省教育厅每月几十元的津贴……

这样一些荒唐事与私心，大凡经历过大学生活的人，几个不曾有过？

不仅如此。季羡林还表现出格外强烈的"成名欲"。他多次迸发出"我非成名不可！"的决心。为什么要成名？要让一些人看得起自己，要为将来出国打基础。成名的通道是什么？季羡林终于找到了"写作"一途。但，也因为写作，他变得敏感，情绪常为某篇文章是否发表而起起落落，为别人对自己文字的几句批评而耿耿于怀、孤枕难眠，乃至暗自讽刺朋友和编辑是"无眼""瞎子"。

在日记里，季羡林还流露出对异性的爱慕之情。他三次提到，去观看女子球赛，目的就是为了"看大腿"，一旦见不到理想中的美腿，就扫兴而归："附中女同学大腿倍儿黑，只看半场而返。"读到此，我忍俊不禁。当陷入最苦闷失望的时候，他更动过这种念头："连希望都不能有的人，还能活下去吗？自从去年以来，我的心常常转到娼妓身上去。我觉到她们的需要。"如此率真的文字，我似乎只在卢梭《忏悔录》里见过。

然而，正像卢梭那样，季羡林之可贵在于能时时反省，超拔而出，不为种种现实和本能所羁绊。当对别人产生偏见，他随即能自我提醒："我自己心胸总不免太偏狭，对一切人都看不上眼，都不能妥协……倘若对自己表示一点好感，自己就仿佛受宠若惊。"每次考完试，他总会松懈下来，一段时间什么书也读不下去，这时候，他就在日记里反复提醒自己；他贪玩，但每晚基本能认真预备第二天的功课，而且平时的学习效率也极高，比如，一个早晨，他可以读法文小说《爱玛》50 页，还翻译左拉的作品。而每当坐在一些极端无聊的课堂里时，季羡林也很少荒废，而是提笔写作。季羡林更有强烈的紧迫感和使命感，学校一天没课，他就心情紧张："上课的时候，有一个教授在上面嚷着，听与不听，只在我们。现在没有课，唯恐时间白白地逃走了，只好硬着头皮往下干。""早晨就向自己下了紧急命令，限今天把荷马的《伊利亚特》读完。"

正因此，大学四年，季羡林不仅精通了英文，还掌握法文、德文，并创作大量的评论文章和小品文。如此丰硕的收获，在一个大学生身上，极其难能可贵。可见他用力之勤。

晚年季羡林总结一生的经验时曾说，他的成就来自三方面：机遇，天分，勤奋。他把机遇置于首位，并阐述了其中理由——受惠于几位恩师。

可是，日记中呈现出的三十年代清华大学并未如我想象的那般完美：一些老师不甚了了，时常借故缺席，上课自始至终念讲义，或让学生不停地抄写；有个教中世纪文学的英国教授，水平实在差劲，让人怀疑是否真的毕业于牛津大学；有个叫华兰德的德国女教授，简直患有迫害狂，动辄臭骂学生，而当学生成绩好了，她该高兴了吧，相反，她更怒不可遏，"因为抓不到辫子骂人"。

当然，多数的教师值得季羡林终生尊敬和感怀。日记中记载，季羡林曾几十次拜访杨丙辰教授，受到杨的热情关照。毕业前夕，季先生已决定回母校济南中学教书了，杨先生仍鼓励他不要放下对德语的研习，要随时准备参加考试，到德国留学。可以说，没有杨教授的深切期盼，就没有季羡林后来的一番成就。

至于吴宓先生，更是一位与学生亲密无间的长者。作为名满天下的大教授，吴宓毫无架子，多次设宴请季羡林、李长之等学生，还热心参与学生办的《文学评论》刊物。郑振铎、朱光潜诸先生，也常跟季羡林等学生"厮混"一起，探讨学术，畅谈人生，指点江山，师生不存芥蒂，亲似一家。季羡林等学生则随时可拜访师长，聆听教诲。

晚年的季羡林在一篇追忆老师陈寅恪的文章里坦承，他在清华四年的必修课程学习，收获不大，充其量混了个学士头衔，而真正给予他深远影响的倒是选修课的陈寅恪、朱光潜等先生。他对梵文和巴利文的兴趣，正缘于偶然旁听了陈寅恪"佛经翻译文学"。此言不妨看作季老的谦虚，但也揭示一个道理：真正的大学教育不在乎教给学生多少知识，更重要的在于思想的启蒙、精神的引领、学术的影响。

2013.10

办公桌的故事

陶希圣是现代著名学者，中国国民党理论家。1922年，陶希圣北大毕业，应安徽省立法政专科学校的聘请担任教员，两年后通过熟人推荐进入上海商务印书馆编译所，所长乃后来大名鼎鼎的出版家王云五先生。

编译所的编辑人员共三百人左右。编辑的待遇依据学历而定，大致分5个档次：第一等编辑月薪250元，一般是英国牛津、剑桥，美国耶鲁、哈佛毕业的，并且回国后有大学教授的履历，他们到了编译所往往成为各部门主任；第二等月薪200元，是欧美普通大学毕业的留学生；第三等是日本帝国大学毕业的学生，月薪150元；第四等月薪120元，是日本明治大学一类学校毕业回国的人；最后一等才是国内大学毕业的。陶希圣是北大毕业的，又有两年的教书经历，工资也就80元。

每人的月薪由编译所直接告知本人，编辑之间互不相知。这和现代私企的管理差不多。虽如此，借助某个带有象征意义的东西，仍可看出一个人的具体待遇，那就是办公桌。桌子的大小，直接而准确地体现待遇的高低。

最低一等，即第五等的编辑，坐的办公桌是三尺长、一尺半宽的小桌子，椅子为一条硬板凳。桌上的墨水由工友用开水壶式的大壶向一个小磁盂注入。墨水是散装的。

第二等编辑，桌子稍大，长有三尺半，宽二尺，不过也得坐硬板凳。

第三等编辑，桌子长到四尺，宽到二尺半。椅子升级了，藤椅。桌上的墨水瓶也有变化，是水晶红蓝两种墨水瓶，另加一个木架子，内分五格，用来分类存稿件。

第四等编辑，和第三等差不多，只是桌子面积再大一点。

最高一等的编辑，也就是部门主任，桌子和第四等一样，但桌上多了个上下可拉动的盖子，另外，除自己坐的藤椅外，又在旁边加个凳子，预备给来访客人小坐的。

半年之后，陶希圣编订完 6 本书，并校阅了多部英文、日文译稿。相比较，一位周姓的编辑上班两年了，只是看些法文书信而已，工作成绩甚微。但周是留洋的，又是有名的学者，他干活少，却领 200 元。难怪，陶希圣心理有点不平衡。

自北伐后，留学生与非留学生的差别逐渐缩小，到 1930 年陶希圣重回商务印书馆，王云五已是总经理，陶希圣被提拔为王云五的中文秘书（待遇等于"经理"），这时的桌子可大了，长六尺，宽四尺，桌上覆盖一块大玻璃板，有两部电话。椅子也换成四面转椅。

1931 年，陶应北京大学之聘，回母校讲授中国政治思想史和中国社会史等课程。同年暑假被聘为北京大学教授，同时在清华、燕京、北师大等校兼课。在北大当教授时，陶希圣有独立的办公室，桌子不大，椅子也是藤制的。在北大，这样的待遇没什么特殊性，每个教授都一样。

这是陶希圣在《潮流与点滴》一书中的回忆。这些有趣的回忆，让我忽然记起近 20 年前的一件往事。当时有位朋友在教育局当主任（股级），某天我去找他，他正踌躇满志地坐在崭新的办公桌前，我记得桌上还摊着一本厚厚的大本子，本子下面垫了一层软皮，上面是日历，旁边还可夹进照片等等。我感觉办公室有点挤，就随口问朋友："房间太小，办公桌何必这么大？"朋友微微一笑，神秘地问："你知道这办公桌的学问吗？"我摇头。他告诉我，副局长的办公桌更大，有多少米长，正局长的办公桌又更大了，有多少米长。我问为什么要搞得这么复杂。他"嘿"的一声，嘲笑我，又启蒙我说："你个书呆子，这叫级别，怎么能随便越级的？还有啊，办公桌的摆放位置也是有讲究的……"我读过一点古书，知道古代一点礼仪，但无法和现实扯上关系。我以为朋友是跟我说笑话。

教育局局长们的办公桌大小如何，我没机会去欣赏、比较。如今，读了陶希圣"桌子的故事"，我不得不相信朋友当年的"启蒙"——在单位里，桌子是特殊的"名片"，是身份的象征、等级的物化符号。同时联想起曾经去过的几所中学，那些校长办公室的桌子、副校长办公室的桌子、普通办事员的桌子，果真大小不同。

什么时候，教育界里的办公桌，不再有那么多的大大小小，甚至就像当年的北大，"每个教授的桌椅都一样"，也许就是教育真正有希望的时候。

2015.01

黄侃与"有偿家教"

　　黄侃先生是民国年间一位颇具传奇性与争议性的国学大师。"是名士自风流"，章太炎称黄侃"行止不甚就绳墨"，周作人说他"脾气乖僻，和他的学问成正比例"。近日，看了记载黄侃生平和学术的《量守庐学记》《量守庐学记续编》两书，仿佛拨开迷雾，对黄侃之为人和治学稍有所了解。两本书的作者均为黄侃的亲友故旧、学生，文章写作年代从黄侃死后的 1935 年至本世纪初，时间跨度大，史实可信度较高。

　　作为教师的黄侃，课堂上常骂人、讲怪话（实则针砭时事），一旦刮风下雨就不来授课，耍大牌，如此种种，难免授人以柄，假如生逢今世，早被扫地出门。特别是，黄侃还长期搞"有偿家教"，更触犯了今天"师德"的底线。

　　1963 年，黄侃的弟子、著名的文化学者徐复观先生就在《关于黄季刚先生》一文中提到，黄侃教书时会在课堂上"留一手"，专等学生"进一步拜门"——也就是主动上门求教。

　　这说法并非全无根据。黄侃曾亲口对得意门生陆宗达说过："要学我这学问，光靠课堂上那点儿不行，必得到这饭桌上来

黄侃照片

听，才是真的。"这是戏言，却也有几分在理。陆宗达回忆说，美酒佳肴会让黄侃兴致盎然并且灵感频生，然后海阔天空地讲说，这时的学问果然大异于平时。不过，黄侃似乎醉翁之意不在酒，他一顿饭往往从中午吃到日落，也就把学问从中午"侃"到日落，这其中蕴含多少智慧。从这里，也看出黄侃率真的性情。

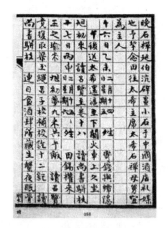

黄侃日记

对于黄侃课堂上"留一手"的说法，徐复观自然不认同。徐复观以亲身的经历做了充分的反驳，读来别有意趣。

徐复观首先承认，黄侃上课，的确常常是说笑话或骂人，不过，"他骂也骂得极有分寸。对于学问上意见不容、而实际有成就的人，他依然是非常尊重。同时，他一经讲上了题，总是精严透辟，声调铿锵，真可给听讲者以精神的鼓舞和知识上的启发"。

有一段时间，徐复观和其他人私下请黄侃讲课——即请黄补课，奉送的补课费"只是象征性的"，但黄侃教得比较起劲。在语言学家杨伯峻的回忆里也证实了这点。杨伯峻是经过正式磕头拜师的，之后，每天下午两点到四点，黄侃给他和几个学生开讲《尚书》，两个钟头里，黄侃几乎滔滔不绝，"只是在抽烟和喝茶时才不得不把嘴唇用在别处"。徐复观因此

黄侃书法

认为，黄侃搞"有偿家教"，是"对学生好学程度的估计不同，与报酬无关系"。

对徐复观这一看法，我是认同的。孟子把"得天下英才而教之"视为人生三大乐之一。作为教师，谁都不想教那些病恹恹、一问三不知的学生。

那么，为什么有的学生会认为黄侃"不肯认真地教"呢？徐复观解释说："我们当时很崇拜他，但没有得到他的益处，不是因为他不肯认真地教，而是因为我们并不曾认真地去学。不认真地去学，便事先不曾好好地读有关的书，以致脑筋里空空洞洞，没有一点问题，既不善问，也不善听，更不能发生教学相长的作用，教的人自然也越教越没有劲了。"——对此，当过教师的人，都有相当的体会吧。

徐复观还把黄侃接收的"家教学生"分为两种性质：有钱的子弟和真正的拜门弟子。前者，相当于现在的"缴费生"，招生主要是为了挣钱。比如，其中有个文字不通的韦姓学生，是富商儿子，也成为黄侃的拜门弟子，有了这学生，黄侃听戏上馆子就有人买单，逢年过节，也有人送礼。遗憾的是，这种有钱人子弟愿意花钱找黄侃求学的情形，并不常有。后一类拜门弟子，是因为天资好，激起了黄侃的爱才之心，而被收录了。拜门后，学生以自学为主，黄侃只是告诉他们，读哪些书，有疑难随时请教。如果拜门后不求上进，黄侃也无所谓，当然，这类学生虽花钱进了"黄门"，实际也一无所获。不过，这些人将来打着黄侃弟子的招牌去弄个教书饭碗，还是有些方便的。

其实，黄侃还是很善待学生的。他曾说过："死而不亡者寿。学有传人，亦属死而不亡。"可见，他看重学术的传承。1933年黄侃的学生潘重规已准备受聘于武汉大学中文系教授，黄侃突然向中央大学校长罗家伦推荐他为中文系助教。可是罗家伦说，助教额满，而且薪水低，不如去罗家伦自己兼任的另一所学校任讲师，名义和待遇都更佳。黄侃不肯，理由是："我叫他回来，多教教他，你就调中文系一位助教去做讲师吧！"

后来，中文系果真照办，潘重规得以留在母校。

1981 年，在学术上已名扬海内外的潘重规先生忆起这段往事，忍不住说："我觉得我们的老师，确实是爱人以德，只望我们学问有长进，不为我们求名位。"

像黄侃这样的教师，公开搞"有偿家教"，大概不只图学生那点"束脩"吧。相比较今之教师，一些人的"有偿家教"，传授的尽是些"敲门砖"，倘若黄侃地下有知，是会发笑的。

2013.09

大学的"尊严"

　　《我们的师长》为"北大中文系百年纪念"丛书的第一本。另有五本是《我们的学友》《我们的青春》《我们的五院》《我们的诗文》《我们的园地》。对一所大学（小至一个院系）的纪念，出版一套这样的丛书，让远逝的部分历史复活，并与今天的学子展开对话，比搞热闹而空洞的"校（系）庆"更有意义。手捧这书，对北大的敬慕之情油然而起。

　　大学的尊严在于学术，而学术的尊严有赖于教师。《我们的师长》收录的几篇忆旧文章，颇能说明这一道理。

　　刘勇强回忆了1985年第一次见到吴组缃教授的情景。那天见面时，刚好有位学者来拜访吴组缃。该学者做了一本《阅微草堂笔记》的选注本，想请吴组缃题签。请名人题签是那些年书籍出版业的时髦事，类似于现在请名家为腰封写一两句推荐语。作为被请的名人，只要有些"成人之美"的心意，一般都乐意为之。可是，吴组缃却不卖这个人情，他当场拒绝题签，理由是，该学者对纪昀的看法不妥当，所选篇目也不理想。其实，题签而已，题签者未必要认同作者的观点，吴组缃实在太较真，以致给人不近人情之感。可是，换个角度看，这种不苟且、不敷衍，坚守并负责到底的较真精神，恰恰是维持学术尊严所必需的底色。

　　关于吴组缃的较真，温儒敏可能最有发言权。《五院人物》一文记载，1987年，温儒敏的博士论文答辩会，规格很高，除导师王瑶，参与答辩的还有吴组缃、钱中文等诸多在文学史或文学理论研究方面的大家。王瑶先简单介绍温儒敏的基本情况，接着温儒敏陈述了自己是如何思考"新文学现实主义的流变"这个选题的。不料，吴组缃中途插话了，不客气地说，作家写作时脑子里是不会去考虑什么主义的，论文写这些东西没多大意思。吴组缃是小说家，可谓一语中的，但在此种场合，提出这颇有"杀伤力"的观点，未免太不给面子了。果然，温儒敏给当头一棒打懵了，勉强应付完答辩会，晕头晕脑走出去。事后，答辩还是通过了，原来吴组缃先生是本着"批评从严，处理从宽"的原则，即使对好友（王瑶）的弟子，也不例外。20多年后，温儒敏先生追思往事，道："吴先生的评判不是没有道理的。……多少年后，我都记着答辩的那一身'冷汗'，让我学到许多东西。"

在《五院人物》一文中，温儒敏还回忆起在另一场论文答辩中毫不含糊的季镇淮。1981年，北大中文系"文革"后招收的第一届研究生举行论文答辩，其中，研究生某君博览群书，才华出众，又兼有"名士派"作风。此君也是季镇淮的学生，师生关系甚恰。可是，这位选题是关于"南社"研究的某君，因为仓促上阵，令老师季镇淮颇为不满。如果换到现在，有的导师可能会延期，或许干脆放一马，但季镇淮不肯凑合，甚至连程序也一丝不苟。当时，季先生邀请了中国社科院的杨某当答辩委员。杨某专攻近代史，对"南社"研究深入。答辩时，杨某提出许多尖锐而中肯的意见，并投了反对票，结果研究生某君以2票之差没有通过答辩。事后，某君满肚子委屈，说杨某反对便罢了，为何导师也是投反对票？

耐人寻味的是，被邀来当答辩委员的杨某，也是季先生的学生，和某君是名副其实的"同门兄弟"。1955年，季先生到上海地区招生，一千多人报考北大中文系，从中选拔10人，杨某即其一。对杨某而言，季先生是自己的恩师，而某君是自家"同门兄弟"，亲上加亲，无论如何，应该"成其好事"，但杨某竟然投了反对票。而季先生也没有因为师生关系，降低了论文答辩的要求。

温儒敏最后补充说，1981 年北大中文系研究生共 6 个专业，研究生总数仅 19 人，却有 3 人没有通过答辩。

　　这些"陈年旧事"，于今听来，仿佛神话。而正是有了这"神话"，才有了中国上世纪八九十年代突起的学术小高峰，也为一所大学赢得了学术的尊严。

2014.07

先生当奖

教育的陈年旧事

"硬汉教师"

邹韬奋先生是中国卓越的新闻记者、政论家、出版家。1936 年 11 月 22 日，作为"七君子"之一的邹韬奋开始了 243 天的狱中生活。在狱中，他完成了《经历》和《萍踪忆语》两本自传体作品。书里有关教师生涯的片段回忆，读来饶有兴味。

1919 年，邹韬奋破格考入上海圣约翰大学三年级，由于家境贫穷，他的经济来源基本来自做家庭教师。他的学生有小学生，有中学生。课程也应有尽有：古文，英文，乃至数学。邹韬奋进圣约翰大学学的是文科，但之前在上海南洋公学念的是当时最热门的电机科专业，可谓文理兼修，因此做起家庭教师来倒是绰绰有余。

既然为了"救穷"而当家庭教师，一般人凡事都尽量委曲求全，只要达到目的即可。邹韬奋不然，丝毫没有患得患失的心态。他对学生功课要求异常严格，姿态摆得很高："你要我教，我就是这样；你不愿我这样教，尽管另请高明。"

一次，他去一个大户人家当家教。家庭里有位呼风唤雨的权威人物，全家上下对他服服帖帖，遇见他都得起立致敬。家人称他为"老虎"。这天，"老虎"突然光临书房，邹韬奋正在考问某学生的功课，学生一见"老虎"来，条件反射般地要站起来立正致敬。邹韬奋偏不许学生这样做，还特别强调自己上课的时候绝不允许任何人来干扰。这举动在大家庭里可是石破天惊之事，全家都认为这下"虎"威大作，非撵走教书先生不可。结果，此事居然不了了之。事后，邹韬奋掷地有声地说："我所以敢于强硬，是因为自信我在功课上对得住这个学生的家长。同时我深信不严格就教不好书，教不好书我就不愿干，此时的心里已把'穷'字抛到九霄云外了！"

除了自信和负责任外，这还跟邹韬奋遇事不苟且、一往无前的硬汉性格有关，就像他说的：有些事，"觉得就应该这样做，否则便感觉痛苦不堪忍受"。

如此"硬汉教师"当家教，碰壁大概是寻常事吧。其实不然，邹韬奋做家教的那段日子，从来没被东家驱逐过，反而受到热烈的欢迎，"生意"源源不断。

1921年，邹韬奋从圣约翰大学毕业后，到职业教育社当编辑。编辑只工作半天，半天没事做。过了一年，在中华职业学校担任校长的顾荫亭先生需要一位英文教员，邹韬奋便半天在中华职业学校教英文，同时兼英文教务主任。后来虽然换了多位校长，邹韬奋都一直兼任该校的英文教员，直到七八年后加入《时事新报》馆为止。

在兼任中华职业学校英文教员和教务主任期间，发生了一件事。

有一年，邹韬奋教商科三年级，班上一位学习极差的学生，平时成绩平均还不到10分，大考的成绩则不过5分，离及格线60分实在太远了。这样的学生却一直顺利地升到三年级，这让邹韬奋十分纳闷。一打听，才知道该生的来头不小，父亲是教育系统里一位颇有势力的人物，据说，与学校的董事们关系非同寻常。在这种情况下，多数教师会顺着竿子爬，"成人之美"。然而，邹韬奋偏偏不理会这一套"潜规则"，他先给这个学生不及格。接着，按部就班让其进行补考，该生的成绩依然是个位数。于是，邹韬奋不让该生升级。

家长怒气冲冲直接跑到校长办公室去交涉，理由是英文老师邹韬奋对他儿子有成见，故意为难他。邹韬奋把平时的记录出示给校长看，校长无话可说。邹韬奋还对校长表态：如果成绩这么差的学生也可以升级，他立刻辞职，校长另请高明。

这位有权势的家长，依然不罢休。校长被纠缠得无路可走，只好把皮球踢给邹韬奋，对家长说，要不要升级，他校长也无权干涉，职权在教师手中，让家长去摆平邹韬奋。家长哪会去找邹韬奋，他径自去两个校董事那里诽谤邹韬奋。幸好两位校董事平时对邹韬奋在学校的情况一清二楚，没有听信谎言，还把那位家长教训了一顿。最终这位家长只好花一大笔钱把孩子送出国去留洋。而邹韬奋也并未因此事受到任何影响，继续留在学校里兼职教书。

千家驹先生在一篇纪念邹韬奋的文章中回忆，抗战前，蒋介石一直想笼络邹韬奋，曾叫上海大亨杜月笙亲自陪邹韬奋去南京见他，请他做御笔"陈布雷第二"。杜老板拍着胸脯担保绝对无问题。没料到，邹韬奋宁肯流亡国外，也不愿去见蒋。又一次，邹韬奋在香港办《生活日报》时，广东军阀陈济棠特地派副官接邹韬奋去广州一谈，并承诺事后要送他三千大洋，邹韬奋亦婉辞谢绝。

邹韬奋的"硬"，是硬到骨子里的。

2014.06

程千帆的"损失"

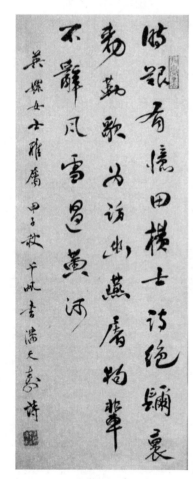

程千帆书法1

　　著名古代文史学家程千帆先生，当"右派"的时间长达近 20 年，曾是武汉大学"死不悔改的""最顽固最反动的右派"。

　　1957 年，"百花齐放、百家争鸣"的号令一出，程千帆跟众多善良的知识分子一样，为了"帮党整风"，纷纷"出洞"，畅所欲言。他在畅言中提到的两点最致命。其一，某年暑假旅游，武汉市某大领导的一个五六岁的孩子在程千帆的小女儿面前吹嘘：我们家看的电影你们都看不到，因为都是内部电影。程千帆于是以此为例，指出党的高层内部生活不对外公开。这事看上去似乎不大，却触及"特权"等禁忌，问题就不小了。其二，针对当时盲目学习苏联的现象，提出质疑。一次，苏联派来一位文艺学专家，要大家都去听课学习。这位所谓的专家，原本是个复员军人，断了一条膀子后，在某大学进修一二年，就来中国"忽悠"。程千帆当时年轻气盛，放言道：我怎么会去听他的课，他来当我的学生，我还要考虑接不接受他呢。

结果，"反右"伊始，程千帆首当其冲给揪出来，成

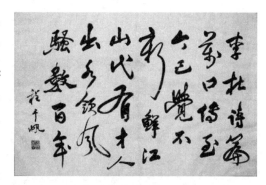

程千帆书法2

为大名鼎鼎的"元帅"——"右派元帅"，从此开始漫长的思想改造。

而程千帆之"顽固"，也就在这改造中凸显出来。起初，有人污蔑程千帆反党反社会主义，还捏造了许多子虚乌有的"事实"，程千帆都默默接受下来。可是，随着改造的推进，听到的、看到的东西多了，程千帆"越来越觉得他们并不是那么神圣，那我也就不是那么罪大恶极了。所以改造来改造去，不是认罪，反而加强了对自己的认识"。什么认识？比如，对传统文化的认识，传统文化并不是"文化大革命"所严厉批评的那样。想到这些，程千帆变得沉静起来，转而安心读些书，思考些问题。更重要的，他慢慢形成了对自我的评价："第一，我没有做对不起老百姓的事情；第二，我的工作对人民是有用的，现在不用，总有一天用得着。"

这两点认识凝成信念和力量，为他后来遭遇更可怕的待遇提供精神支撑。

一次，红卫兵来抄家，将程千帆的书稿《史通笺记》《唐代进士行卷与文学》以及一些文稿抄走了。对于一个知识分子而言，书稿即生命。红卫兵说要带这些稿子去审查，结果好几年没有下落。有一天，程千帆的妻子沈祖棻教授到了学校，好心人告诉她，在一个锅里，发现程千帆的稿子。体弱多病的沈祖棻一闻大喜，不顾一切，把一大堆稿子大老远地从学校抱回家，累得气喘吁吁。回来后，她估计程千帆一定会激动得跳起来，熟料，程千帆见到这些消失多年的稿件后，久久不做声。——

因为太出乎意外了，瞬间不知所措。几天后，心绪冷静后，程千帆亲自给书稿抄第二份，从头到尾，一个字一个字地抄。这些书稿，抄写得非常工整，有的部分现在被图书馆永久收藏。从程千帆抄手稿的举动，不难体会到他复杂的心情。程千帆在口述自传《劳生志略》中说：

> 我从小最大的野心就是当个教师。我当了教授，有机会做一个教授应该做的事情，当中忽然把它们掠夺了，不让做。这是处理知识分子、虐待知识分子最恶毒的一个方法，我不知道是哪个智囊团给想出来的，非常刻薄。对我来说，这可能是最厉害的惩罚。

自 1957 年"反右"后，程千帆失去坐在书斋和走进课堂的机会。他的学术生涯中出现了长达十八年的断层。这段时间是一个学者正当年富力强，也是学术和教学出成果的黄金时节。这位把弘扬中国传统文化视为生命的学者，此时只能窝在资料室抄卡片。此外，就是各种体力劳动：学校建房时，派他去搬砖；没人种菜，让他去种菜；没人养猪，让他去养猪。有一回，人家让他赤脚站在淤泥里，用铲子铲走淤泥，程千帆从未打过赤脚，非常不适应，只好穿着袜子走进淤泥。被人发现后，免不了一番嘲讽、挨骂和批判。

这还算是较好的待遇。后来，程千帆被发配到远离武汉的沙洋农场，种地、养牛、养鸡……他甚至学会了给牛接生。这里，条件极其艰苦，夏天洗澡，"右派"分子只能分到一瓢水，除了偶尔拿个帕子擦一擦，长期没有洗过澡。据程千帆的学生莫砺锋教授回忆，多年后，当莫砺锋陪老师在南京的玄武湖畔散步时，程千帆看到一块绿油油的草地，不禁触景生情，自言自语道："这些草够五头牛吃一天了。"可见当年生活给他留下的深深印记。

回首这不堪的 18 年，程千帆在《劳生志略》中说：当"右派"之前，那时他才四十多一点。那个时候学生都夸他教书教得好，课上引材料,《汉书》多少卷都记得清清楚楚,每一条材料都非常确凿。而且那个时候他的野心也比较大,想一个人写一部大文学史,结果后来只写了半部宋文学史。面对这无可挽回的损失,他道:"我就感觉到自己最适当的做学问的年龄,全给放牛放掉了。"

接着,程千帆又写道:"我没有什么太多的愤怒、不平,我在想这个损失不是属于我个人的,是整个中华民族的。这个命运也是整个民族要负担的……"

那天午后,读到先生这句话,我不由自主地从沙发上站起来。

2014.04

"不将就"的吴组缃

　　与林庚、李长之、季羡林并称"清华四剑客"的吴组缃先生，早年以小说《一千八百担》等名重文坛，是上世纪三十年代中国乡土文学的代表作家之一。1949年，吴组缃调到清华大学，并担任中文系主任。

　　吴小如的《红楼梦影》中有多篇文章专门回忆这位"同宗前辈"。"吴组缃"三个字常被人误写为"吴祖湘"，对此，吴组缃十分恼火，如果写信人写错了名字，他是绝对不回信的，他认为，既想与人交往，就该认清对方姓名，连名字都糊里糊涂，信写得再谦恭有礼，还是对收信人有失尊重。吴小如不止一次亲耳听到吴组缃不高兴地宣称："凡来信的封面所写姓名同我本人的名字不符，我根本不看。"1994年吴组缃去世后，次年某著名出版社出版了《吴组缃先生纪念集》。此书收集了吴组缃的朋友、学生、子女对他的追念文章，内容富有史料价值，可滑稽的是，书脊上的"缃"字竟赫然印错了，让人哭笑不得。

　　上世纪八十年代，吴组缃和一批专家参加了在北京香山卧佛寺举行的曹雪芹研究会的成立大会。与会的名人如云，

1936年冯玉祥赠送给吴组缃的铜墨盒

包括周扬。会上，听说有关部门硬要把香山附近一处民房当成曹雪芹的故居，并开发成旅游景点，吴组缃当即公开表示他不同意。午宴后，原定全体与会者都去参观所谓"故居"，吴组缃拒绝前往，以示抗议。归途车上，吴组缃仍念念不忘地唠叨："明明靠不住，却偏要弄假成真，自欺欺人，煞有介事，这哪里是实事求是！"车中有人插话："先生少说两句吧，您连人家的酒席都吃了，就不要再揭短了。"吴组缃答道："吃饭归吃饭，真理还是要坚持的。"

吴组缃这种"不将就"的性格，在年轻时早已"锋芒毕露"。他曾对学生葛兆铣说过，冯玉祥因读过他的作品，便请他当国文教员。那时吴组缃二十多岁，冯玉祥五十多岁。吴组缃跟冯玉祥有言在先："我拥护你抗日，就忠于你。忠于你就说真话，不说假话。说真话很难听，你要不高兴，就叫我卷铺盖走人。"

冯玉祥向来治军严格，但也有旧军人的习气，爱发脾气，打人。有一回要打一个军官，有人求吴组缃去说情。吴组缃去了，见冯玉祥正在发怒，便不作声。冯玉祥问吴组缃有什么事，吴组缃说："一个有权的人，发脾气的时候不能做决定。刚才发脾气做的决定，不能算。"冯玉祥听了，沉思一会儿，尔后叫来传令兵："刚才吴先生讲了，不算了。"从年龄上看，冯玉祥完全是长辈，但对待吴组缃始终恭恭敬敬，执弟子礼如故。每次上课，冯玉祥都到大门口迎接；坐定，双手捧茶给吴组缃；做好作文，双手捧给吴组缃："吴先生，请你给我改一改。"吴组缃在冯玉祥的身边一共呆了13年。冯玉祥喜欢吴组缃的多才与质直。

1949年以后，"不将就"的吴组缃就难得那么走运了。1957年，最高指示提倡"大鸣大放"，吴组缃有感于新中国成立以来运动太多，一会儿狠整知识分子，一会儿又来落实政策，政策如风云变幻，缺少一种稳定感。在某个征求意见的场合，吴组缃说了一句话："我们党，对于知识分子，有些时候，像大人哄小孩子一样，是打一个屁股给一块糖吃。"很快反"右派"斗争开始了，吴组缃这句肺腑良言，竟成了罪证，预备党员资格因此被取消。

"文革"期间，在一次批判"30年代文艺黑线"的会上，会议主席点名要吴组缃发言。吴组缃在发言中不仅没有顺着会议既定的调子去批评30年代文艺，反而提出了不同意见："对30年代文艺，我们要作具体分析，把它一笔抹煞是不符合事实的。"会后，好心的人奉劝吴组缃："您何必在这样的会上说这种话呢？"吴组缃回答："要我昧了良心去讲假话，我做不到！"他因此被扣上了为"修正主义文艺黑线"翻案的罪名。

上世纪九十年代，有一次陈建功去朗润园吴组缃家。听吴组缃讲到，几年前，北京作家协会为北京市作家评级，他是评议委员之一，当时有人反对给一些中青年作家评"一级作家"，理由是"他们搞自由化"。吴组缃第一个站出来发言，说这帽子不是可以随便戴的，再说，我们是评作家，不是评党员，只要人家没有犯法，就得按作家的标准评。接着，吴组缃还以五十年代评教授为例，说评一级教授的时候，也有人要把某某教授拉下来，因为他不是党员。周恩来总理听说了这件事，说："这是评教授，又不是评党员！"事后，某某教授终于评上了一级。饭桌上旧话又提，吴组缃微微一笑，说："其实我不过说了一句大实话。要是评党员，开党支部会就行了，要我来做什么？"

陈建功去吴组缃家的这一天，恰好是吴组缃过最后一个生日。"先生仍然心明如炬。"陈建功说。

几年后陈建功教授忆起这件事，写道："今天看起来，说这样的'大实话'似乎不是难事。而组缃先生说这话的时候，正是许多人把新时期文学说得乌烟瘴气，说要'重新组织作家队伍'，恨不能再挖出一条'自由化''黑线'的时候。"

但有的时候，吴组缃又是出人意料的非常"将就"。一天，吴组缃的学生张国风在《人民日报》上看到一篇署名吴组缃的长文章，文章对刚播放的电视连续剧《儒林外史》称赞有加，这让张国风感到十分奇怪。张国风曾看过这部连续剧的一部分，印象一般般，觉得编者根本不懂

《儒林外史》。后来见到吴组缃，问起这件事。吴组缃告诉他，这篇文章未经他本人过目，不过，一部作品既然已拍成电视剧了，可当作另一部作品来看待了，不必用原著去要求了。张国风说："看了文章，我当时想，吴组缃什么时候变得这么宽容呢？"吴组缃一听，哈哈大笑。

2014.12

李长之的手

　　季羡林在《清华园日记》里，三天两头提到"清华四剑客"之一的李长之。李长之与季羡林是济南同乡，两人小学曾同班，高中同校，一起上清华大学。李长之在清华最初学的是生物，有一次画一张细胞图之类的东西，他认为，细胞不应该这样排列，这样排列不美，他要根据自己的审美观加以改变。改造后的细胞图被生物老师批得一塌糊涂。李长之于是转入了哲学系。季羡林晚年评价说，李长之是个有天分的人，思想极为活跃，不受任何方面的约束，如果做思想家定能大有成就。

　　的确，李长之的思想非常活跃。从《清华园日记》看出，李长之大学里就创作了不少现代诗歌，在当时的季羡林眼里，这些事"即便与所谓成名的诗人的诗放在一块，也不但不有愧色，而且还要强些"。他写的文学评论，更令季羡林自叹弗如。他还善于社会活动，和本校许多教授以及当时活跃在北京的名作家熟悉，前者如吴宓，朱光潜、郑振铎等，后者如沈从文、梁实秋等。后来李长之去世，梁实秋先生曾专门撰文纪念。大学期间，李长之就被郑振铎邀请担任著名的《文学月刊》的编委，不久，他自己创办了《文学评论》月刊和《益世报》。

　　李长之为人热情，率性，耿介，爱憎分明（有时到了不讲理的程度）。季羡林曾在日记里说李长之存有颇深的"偏见"和"固执"："只要他认识的朋友，也不许别人说半句坏话……"这从某种角度也说明李长之待人之深情。

年轻的季羡林在日记里说，他受李长之影响很大，每每精神衰弱到极点时，就想到要"同李长之一块，也做点有意义的事情，写有意义的文章"。

1935 年，李长之主编《益世报》副刊，他的《鲁迅批判》系列文章在副刊上连载。不久，在赵景深先生的大力支持下，《鲁迅批判》在北新书局结集出版。《鲁迅批判》在鲁迅研究史上，是第一部成系统的专著，也是唯一经过鲁迅亲手批阅的批评鲁迅的专著。这本书出版后在学术界影响巨大，据 2010 年《再版题记》介绍，是迄今在研究鲁迅的学术领域中引文率最高的专著。而写作这部书时的李长之仅仅24 岁。

《鲁迅批判》（1935 年版）

"福兮祸所伏。"李长之因出版《鲁迅批判》，一生遭际坎坷。先不说书出版后，书店老板大赚一笔钱，但所给的版税就很苛刻了，只给了五十几元，版税也只算过一次，以后就不了了之。除了版税吃亏外，更严重的后果在于，

《鲁迅批判》（2011 年版）

《鲁迅批判》一书出版后，一直被视为"左派"读物，屡遭国民党方面的批判和查禁；在日伪统治时期，它又被列为禁书……对该书的命运，也许李长之早有预感吧，他曾在书的后记中写道：

> 报馆给的压迫也不是没有，因为神经过敏，常把原稿加以删改，因为触犯宗教，常在稿上批上"刺目"。还有无妄的限制，苏俄的字样得避讳，因为苏俄反对宗教，当然也反对天主教了，当然也反对天主教所设的《益世报》了，为"刺目"，或

者为报复，苏俄的字样便最好是少见。不许称"上帝"，得称"主"，这就是即便不反对天主教，而称谓也得受一受统制。

历史的吊诡在于，这本曾经被视为"左派"的作品，到新中国成立后命运更加多舛。新中国成立后的鲁迅被捧为圣人，李长之何许人也，竟敢"批判"他？结果，李长之在1957年被划为"右派"，被剥夺了教书的权利，《鲁迅批判》也从红书变成黑书，被封存于图书馆，不许见天日。"文革"中，"工宣队"队长指着李长之的鼻子说："是你写的《鲁迅批判》么，鲁迅是可以批判的么？就冲着'批判'，你就罪该万死！"对此，一介书生李长之哭笑不得，他无法专业地告诉这些人，所谓"批判"是"分析""评论"的意思，没有任何褒贬的含义，更不是"对错误的思想、言论或行为做系统的分析，加以否定"的意思。"反右"后，历次政治运动，李长之都是单位首当其冲的"运动员"，遭受了不知道多少次的批评。——然而，"这却不是他笔下的那种'批判'，而是连灵魂带肉体双管齐下的批斗"。季羡林在《追忆李长之》一中说。

1976年，"文革"已结束，有人找李长之接洽再版《鲁迅批判》事宜，条件是将书名"批判"改为"评论"或"分析"之类。李长之拒绝妥协："批判其实就是分析评论的意思。我为《鲁迅批判》遭一辈子罪，不改，不出也罢！"

两年后，李长之去世。

据晚年季羡林回忆，去世前的某一天，已经摘掉"右派"帽子的李长之来到燕园看望季羡林，一见面，李长之说："我以前真不敢来呀！"是的，李长之多年的"右派"身份，在别人甚至在自己眼里，像病毒一样，成为"不可接触者"。李长之简单的一句话深深刺痛着季羡林的心，让他感到"惭愧内疚"："我头上并没有带'右派'的帽子，为什么没有去看他呢？我绝不是出于政治上的考虑才不去看他的。我生平最大的缺点——说不定还是优点哩——就是不喜欢串门子……我不能这样一解释就心安理得，我感到不安。"

李长之说完话，"伸出了他的右手，五个手指已经弯曲僵硬如鸡爪，不能伸直"。此时两位相交七十多年的老乡老同学老友相对无言，季羡林说："我的泪水却向肚子里直流。"

这双"手指已经弯曲僵硬如鸡爪"的手，曾经是多么年轻有力的手！这双手，不仅写下《鲁迅批判》，也写下这样的话：

> 批评是反奴性的，凡是屈服于权威，屈服于时代，屈服于
> 欲望（例如虚弱和金钱），屈服于舆论，屈服于传统，屈服于多
> 数……这都是奴性，这都是反批评的。……真正的批评家，大
> 多无所顾忌，无所屈服……

2013.10

"最后的一课"

1941 年 12 月 7 日，日军偷袭美国珍珠港，太平洋战争爆发。第二天清晨，还在睡梦中的郑振铎教授被急促的电话铃声惊醒。

"听到了炮声和机关枪声没有？听说日本人占领租界，把英国兵缴了械，黄浦江上的一只英国炮舰被轰沉，一只美国炮舰投降了。"大学同事C君在电话里说。

接连又有几个电话，有的是报馆里的朋友打来的。情况渐渐明朗：日军轰沉上海附近的英国军舰，射杀英军，开始从虹口或郊外开进上海租界。自此，被认为"孤岛"的最后一块弹丸地，终于也沦陷于日本之手。

郑振铎连忙赶到学校。校长和许多重要的负责人都已经到了，马上举行简短而悲壮的会议，会议决定："依旧摇铃上课，但只要看到一个日本兵或一面日本旗经过校门，立刻停课，将这大学关闭结束。"

郑振铎授课的地方，刚好处于楼下临街的教室。站在讲台上，一抬头就是大街。

那天，缺课的学生很少。"今天的事，你们都已经知道了吧。"郑振铎说，学生们点点头。当郑振铎宣布完学校刚做出的决定，学生们的脸上神色凝重，个个坐得挺直，一言不发。

"但是我这一门功课还要照常地讲下去，一分一秒也不停顿，直到看见了一个日本兵或一面日本旗为止。"说完，郑振铎如往常一样开讲，学生们照常做笔记。教室里十分安静。

这一课，郑振铎似乎讲得格外的亲切、格外的清朗，连他自己也觉得声音与平常有点不同。

该来的事，一定会来的。大家都已做好一切最坏的准备。谁都明白这"最后一课"的意义。郑振铎恨不得永远不停地讲下去，把所有该讲的东西，在这一课里讲完。学生们的笔不停地抄记着，教室里一片沙沙的声响。别的十几个课室里也是这般情形。

讲课的间隙，郑振铎感到眼前所有的一切都格外让人不舍……偶尔，郑振铎瞥一眼大街，平静如故，小贩们不时走过，阳光很精神地晒着。

秒表在郑振铎的衣袋里嘀嗒地走。终于，沉重的车轮辗地的声音从远处传来。几分钟后，几辆满载着日本兵的军用车，经过校门口，自东向西，徐徐走过。车上飘着一面膏药旗。

郑振铎下意识地看了表：上午 10 时 30 分。等车子走过去，郑振铎立即挺直了身体，做个立正的姿势，合上书本，以坚决的口气宣布："现在下课！"学生全体起立，不说一句话，几个女生似低头啜泣着。

与此同时，在这所大学的另一间教室，郑振铎的好友、著名作家王统照也正给学生上课。后来成为作家的徐开垒，当时就在他的教室里。

40 岁出头的王统照，中等身材，有些清瘦，头发略秃，戴着玳瑁边眼镜，穿着咖啡色长衫。他一口浓重的山东口音，讲话时夹带许多"这个"。他为了劝导学生不要被黑暗社会腐蚀、不要过醉生梦死的生活，曾写下诗歌《你的灵魂鸟》。每天他有课时，总提早一刻钟到校，和学生探讨文学和人生。学生很喜欢王先生的课。

这一天上午 9 时，徐开垒和同学们正在二楼上大学一年级的国文课。当时的气氛异常紧张，王统照的神情十分严肃。静寂的课堂上，从阳台望下去，街上一片乱哄哄，只见日本宪兵队卡车在马路上横冲直撞，卡车的喇叭声像鬼哭狼嚎。王统照像都德小说《最后一课》里的韩麦尔先生那样坚持着讲课，一丝不苟。当剩下最后一刻钟，王统照破例地给学生讲课程以外的话。王统照沉痛地说："同学们，刚才教务处通知：学校今天起停办了！我们学校不能继续上课，更不能让敌人来接收，今天这一节课是最后的一课，我们现在要解散了！"

同学们面面相觑，默不作声，每个人心里有一个问号："以后怎么办呢？"

王统照看了大家一眼，最后严肃道："同学们，你们都很年轻，都20岁不到吧？你们的日子正长，青年人要有志气，要有能冲破黑暗的精神，学校可能内迁，你们跟不跟学校到内地去，这要看个人的家庭环境来决定，学校不勉强。因为留不留在沦陷的上海，这不是决定性的问题。问题在于我们走什么道路，在精神上和行动上，是坚持抗战，还是向敌人投降，这要有个准备。……同学们，你们说是吗？"

徐开垒的"最后一课"就这样结束了。学校就此停办，王统照也离开上海，回山东老家。然而，在徐开垒的心中，"统照先生永远是风雨如晦的年代里，我的'最后一课'老师"。

这"最后一课"发生在1941年上海的暨南大学里。这所国立大学是在"八·一三"抗战爆发后才迁入租界内的，地点在康脑脱路，现在的康定路。当时的临时校舍仅为一幢三楼三底的小洋房，没有操场，甚至连学生休息的地方都没有。

2015.01

退　款

　　夏丏尊先生去世前一年（1945年），他的亲家翁叶圣陶应《朝华旬刊》（创刊号）之约，撰写了《记丏翁一二事》。文中讲了夏丏尊一件旧事。

　　1943年12月，夏丏尊突然被日本宪兵部莫名其妙地捕抓去，十天后又莫名其妙放出来。大家事后推测，大概夏丏尊的名字已列入日本人的"黑单"，由于情形并不怎么严重，日本人又抓不着什么证据，最后只好放人。事实上，夏丏尊当时也没有参加任何地下抗日活动。但在被拘留的十天里，日本宪兵反复地审问他，还把问答的话全部记录下来，以寻找什么破绽。

　　日本人知道夏丏尊能说日本话，要他用日本话回答。夏丏尊说："我，中国人，我说中国话。你们审问有翻译员，翻译就是了。"

　　在夏丏尊被拘留期间，有一天，家里来了位陌生人，带来一封信以及几个学生凑起来的钱，交给夏师母。夏师母收下了钱，却忘记询问来客身份和姓名。后来夏丏尊回来，知道了原委，一定要去还那笔钱，他觉得自己虽然拮据，但学生们也并不宽裕，况且也不该凭被捕的名义接受别人的捐款。可是问遍他的学生，没有一人承认送过那笔钱。无奈之下，夏丏尊只好把那笔钱捐给慈善机构，用到受难同胞身上。

　　在这篇怀念文章里，叶圣陶写道："我相信那送钱的确是他的学生，而且就在他问过的若干人中间，说不定那若干人个个都掏了腰包。他们知道丏翁的耿介脾气，才来个闷葫芦。我替丏翁着想，单是学生们的这一份深情厚爱，就足以抵过十天的拘囚生活而有余了。"

夏丏尊，为了尊严，连个人生命安危都可置之度外，何况身外之物呢？更何况这样的钱财呢？

说到对钱财的态度，著名教育家陈望道的一个举动也值得一记。

抗战爆发后，复旦大学内迁至重庆北碚，陈望道时任该校中文系教授、新闻系主任。有一年，新闻系新生入学，开学的第一课就是系主任陈望道讲授修辞学。

上课时，只见陈望道走进教室，从容打开皮包，抓出一堆小钞票放在讲台上，同学们见状面面相觑。陈望道教授问："买了我那本《修辞学发凡》的同学请举手。"买了书的人不知陈望道的用意，却也都举起手来。陈望道微笑地说："买了书的都上来。你们买书时，在定价中，有一小部分是出版社付给作者的版税。现在我把版税退给你们。我不收学生的版税。"

去年，我到复旦大学校园，站在陈望道的塑像前，从先生塑像的表情中，仿佛看到他当年的微笑。

不久前，听一位年轻老师的常态课。课前，老师先交代学生：下周大家要开始阅读《论语》这部书了，因为高考必考。没有这本书的人，可以买某书商来推销的这一版本，因为这版一本有注释，还有解说，很适合学生使用，另外这本书是打五折的。当然，大家也可以直接上网去购买这本书，或者其他出版社出的，但最好要买有注释和解释的那种。

该老师吩咐完这件小事就费了三四分钟，有些啰唆。不料他还没说完，突然提高音量补充："请大家不要觉得我跟书商勾结哦，我对天发誓，没有！"

我以为该老师是跟学生们开玩笑，但见他一本正经的样子，不像。个别学生在交头接耳，窃笑。

课后，我悄悄问该老师，为什么要这样"发誓"。答："以前某中学的一些老师和私营书店有'联系'，不断地让学生订辅导材料，不少材料学生根本用不了，但不敢不买。刚才这个班的学生有一部分就从这学校毕业的，我不得不预先声明，以免他们往坏处想。不好意思，我刚才的话是不是说得很难听？"

年轻老师很谦虚，刚才的话也不"很难听"。想到当年夏丏尊和陈望道的退款，我只是一阵哀伤。

2014.05

朱东润"惹祸"

文学史家朱东润先生早年留学英伦数载，但传统文人的那股率真气，未被英吉利海峡的风吹掉。

陈思和教授是朱东润的学生。据他回忆，在一次研究生入学的会议上，身为中文系主任的朱东润讲治学之道，讲话中提及陈寅恪，朱东润说，寅恪先生学问虽佳，但晚年花了那么多心思去研究一个妓女，大可不必！此语一出，在场的另一位中文系博士生导师蒋天枢先生可不干了。蒋天枢1927年考入清华研究院国学门，曾师从陈寅恪，而且还不是普通的授业弟子，陈寅恪临终前，把著作的整理后事全权委托与他。蒋天枢不负重托，晚年放弃了个人的科研，全身心投入到搜集、整理和编辑恩师的著作中，使得陈寅恪的著作得以最大限度的保存和弘扬。

蒋天枢听了朱东润的话，一语不发，当即拂袖而去，朱东润也气得脸色发白。陈思和说："这件事后来传出去，成为赞叹陈门弟子护师尊师的佳话，但朱先生的道德文章，也由此可见一斑。"这句话巧妙地淡化了这场纠纷的火药味，把它揉为一段"佳话"。

不管怎么说，蒋天枢确实有君子风度，面对恩师的被"贬低"，没有过激的言行。倘若换了别人，未必能如此温文尔雅了。

这样的"别人"，还真给朱东润遇上了。抗战时期，因武汉的失陷，武汉大学被迫迁至四川乐山。朱东润受武汉大学文学院院长陈西滢所聘，从江苏绕道越南，到达四川，历时数月，行程七八千里，途中的艰辛自不待言。武大当时派系斗争激烈，朱东润倒还能勉强应对，只是他的"率气"一旦发作，惹祸就难免了。

程千帆和朱东润当时都在四川的武大。他的晚年回忆录《劳生志略》中说到朱东润因写文章惹出的一次不大不小的麻烦。

武大中文系主任刘平博，其人学术思想保守，认为朱东润教的文学批评史不重要，学生可以不必修。后来，刘平博另外聘请一个叫徐哲东的人。徐哲东和刘平博同为章太炎的学生，对公羊学和韩柳文颇有研究，不仅如此，他还练过武术，擅长舞剑。徐哲东在中央大学是讲师，一到武大，立刻升为教授。

话说，徐哲东应聘到武大，开学了，人却迟迟未到，刘平博就自作主张替徐开列了一些课，其中一门是传记文学研究。徐哲东到校后，见了这门课后，表示以前没教过这门课，就打算暂时开韩柳文研究，以代替传记文学。——其实，这种做法也属正常，同时期在武大的苏雪林长期讲授唐代文学史，后来校方让她从宋代教起，她也闹意见，理由是必须重新备课，工作量增加。这事原本与朱东润无关，但他偏偏看不顺眼，就写了一篇杂文，发表在《星期评论》刊物上，文章调侃说，大学里也很特殊很奇妙，传记文学怎么开出韩柳文研究来了？莫非把讲韩愈的《郭橐驼传》和柳宗元的《永州八记》变成了传记研究？徐哲东看到后十分恼火，扬言："他的嘴巴很厉害，我可不会讲，但是我会打。我要打他，这个人如果不是我来治还怕治不好。"朱东润一听，知道徐哲东所指的"他"就是自己，才意识到问题严重。从此，朱东润见了徐哲东就躲开。后来，经朋友多方规劝，这件事才慢慢平息下来。大概此事算不得什么光彩，朱东润在自传里并没记录，只简单提到一个连升两级的教授，叫"徐某"。

那时文人之间，虽有矛盾发生，双方一般都比较克制，估计徐哲东的恐吓，也不过是发发一时的怒气罢了，未必真会动手。

但有一次，朱东润惹的祸，可就大了。

刚到四川的武汉大学时，校方让朱东润开一门六朝文学课。朱东润自觉对于六朝的骈文研究还不够深，但也无法拒绝，便课余加紧下工夫。朱东润是做事认真的人，他认为，要把骈文讲好，最好能亲自创作赋，既给自己锻炼，又可更深切地领会古人作赋的方式。于是，一篇题为《后西征赋》便出笼了。

在这篇长达五千字的赋里，作者描写了蜀地的历史，以及地理的"奇险而崇闳""峥嵘"，接着一转，刻画了灰暗的现实图景：

> 报睚眦于偶语，伺消息于杯酒，以杀戮为耕作，或叹息于畎亩，……衣不蔽骭之壮，年及中男之丁；若无罪而就死地，宣王为之涕零……

赋中，朱东润把政权的腐败、特务的横行、壮丁的不幸等等都一一铺陈而出，堪称一幅民不聊生图。写好后，朱东润只是拿给身边几个人看看，不料，一位叫马文珍的图书馆职员大为赞赏，竟私下把稿子寄给上海一家杂志社，直到发表后，朱东润才知道，但木已成舟，莫可奈何。朱东润担心重庆政府官员读到文章，这可是给政府抹黑的证据，吃官司是至少的了。在提心吊胆中过了几个月，居然风平浪静，没有人来找麻烦。也许那时重庆政府的那帮报刊检查官们，水平不够高；也许大家实在太忙了，无暇顾及这种文绉绉的文字吧。

总之，率真的朱东润在四川的武大时期，躲过了一顿老拳，又躲过了一次文字狱，好歹算是走运的。

2014.05

"复旦二周"

　　"文革"时期，复旦大学有两位周姓教授很出名：周谷城，周予同。不管在学术（两人均为史学名家）上，还是在被"批斗"时，两人常常连在一起，以故并称为"复旦二周"。说起两位先生，共同点还有很多，比如都是 1898 年出生，上世纪二十年代末都在上海待过，当时周予同还救济过周谷城；三十年代为暨南大学的同事，四十年代直至退休，同在复旦大学历史系工作。

　　但作为教师，两人的教学各有特色。齐鲁书社原总编辑孙言诚在复旦大学求学期间，听过"二周"的课。他回忆说，周谷城讲课一成不变，先是把发黄的讲稿念一段，然后便是海阔天空地神聊，对讲稿中的什么内容已毫无印象，倒是那些随意的神聊，精彩迭现，很多事让他至今不忘。而周予同讲课另有一套程式：先写上两黑板书名，然后逐本开讲，从版本到内容，好坏各表现在什么地方，条缕分明，娓娓而谈，引人入胜。周予同不仅自己讲，还推荐学生去听其他老师的一些课，取长补短。孙言诚总结道：周谷城是博大，周予同则是精深。

　　对"二周"的教学丰采，他们的学生徐开垒和温梓川，也分别有过生动的描写。

　　作家徐开垒在《济南四教授》一文对周予同老师评价很高，认为他"有实学而又有口才的，委实不多见"。周予同尤其善于将最枯燥的东西，说得让每一个学生既感到有趣，又获得有用的知识。

一次上课，周予同偶然谈起他自己，说他曾把自己关在房里，对镜寻思：像自己这样的人除了教点书，还能干什么呢？经过一番思考，结论是：没有。从此他就老老实实教书，至今20多年。说完，周予同话锋一转，劝同学们道：别怨自己不中用，因为世上绝无完全无用之人，即使什么事都做不来，至少还能生养孩子，这也是一件利国利民的事。在课堂上，周予同对学生的期望总是非常热切，希望大家做"真正的知识分子"，不要像某些人，读书仅仅为了升官发财。讲到这里，周予同不忘把那些"庸俗的士大夫"痛骂一番。

和长得胖胖、外表像暴发户的周予同截然相反，马来西亚著名华文作家温梓川笔下的周谷城老师丰神潇洒，仪表堂堂。周谷城上课穿西装，却不打领带。西装也老不穿上，搭在手臂上，上身只罩一件羊毛背心。夏天时，就改穿白色夏布长衫，戴副白金丝眼镜，显得相当庄重，"跟银幕上饰美国总统威尔逊的那一位演员神气相似"。

上课时，周谷城从不站在讲坛上，而是喜欢半边屁股坐在讲台上，滔滔不绝地开讲。也不发讲稿，甚至极少板书。但由于周谷城口才一流，很吸引人，"溜号"的学生极少。

温梓川也觉得，周谷城很喜欢在课堂上跟学生聊天。有一回，功课结束了，那时还在担任人生哲学课的周谷城告诉学生自己是北师大英文系毕业的，虽没有留过洋，却当过好几所大学的英文教授。那天早上，报纸上刚好刊载了张作霖在皇姑屯被炸死的新闻，学生便问他对此有何看法，周谷城不予正面答复，只说自己生平最讨厌看报纸。第二天，大家惊奇地发现，他进教室时腋下夹了一份《申报》。有学生不客气地问他，不是说不看报吗，是不是"今天开始大概不讨厌看报了？"周谷城回答："哦，原来如此！我老实跟你说，我还是最讨厌看报纸，这份《申报》是今天早上出版的，因为上面有我的新书出版的广告罢了。"说完，打开报纸向学生介绍他翻译的书，说这本书如何值得一看，定价怎么便宜等等。

临近暑假，他对学生说，如果有同学想转到北师大去读书，他可以负责介绍。两位学生果真拿了周谷城开的证明信去北师大，结果吃了闭门羹。事后，温梓川告诉周谷城此事，周谷城说他早就知道他们进不了北师大，因为校长已不是他原先认识的那位。"为什么你要给他们写什么介绍信呢？"温梓川追问。"我怎么好得罪人呢。"周谷城笑笑说。

　　在温梓川眼里，周谷城似乎有些圆滑。

　　除了教学风格的不同，"二周"的命运也"同中有异"。周予同在1966年替《海瑞罢官》说话，上海"首批周予同"，他因此惨遭折磨，很快瘫痪卧床，双目失明，直到1981年孤凄地去世。周谷城也敢于和文痞姚文元唱对台戏，为此受到批斗，两个女儿也受牵连而被迫害致死，但周谷城曾和"最高领袖"在湖南第一师范共事过，获得某种程度的保护，最终得以寿终正寝。98岁的周谷城，去世前位是全国人大常委会副委员长，属于国家领导人。

　　难怪著名作家、复旦大学教授许杰称老朋友周谷城是"大难不死，必有后福"。

2015.01

第三辑　先生气度

先生当年

教育的陈年旧事

深深的体谅

上世纪三十年代夏承焘先生在之江大学的文理学院任教时，常劝他的学生如果将来当了老师，不要对学生过于苛求。因为人的禀赋千差万别，不能希望人人都是天才。作为教师，在课堂里讲了几十分钟的话，难免有的学生会打瞌睡，有的会跑马开小差，一堂课只要有一二句话，真正落入某一二个学生的心底，使他一生受用不尽，就算对得起学生、对得起自己了。

讲这些话时，夏承焘的神情十分恳切，让底下的学生们感动不已。作为当年夏承焘得意弟子的台湾老作家琦君说："瞿师的每一句话，都深深进入我们每个同学心中，终生不忘。在上他的课时，没有一个同学打瞌睡，相信也没有一个同学在想心事的。"

由于夏先生上课幽默轻松、平易近人、谦冲慈蔼，国文系之外的学生甚至外校的学生，都常来旁听。

当时之江大学有一位教文字学的任心叔老师，学问渊博，对学生要求严格，上课时脸上无一点笑容。任老师也是夏承焘的得意门生，常常"当仁不让于师"地与夏先生辩论。他认为夏先生对学生太宽容，懒惰的学生就会被耽误了。对此，夏承焘有自己的理解，他微笑地肯定任老师的话也没错，随后正色道："我讲的是做人的道理，你教的是为学的态度。"

有一回，夏承焘和学生一同去挤电车，司机态度恶劣，琦君见状很生气。夏承焘劝琦君："不要生气，替他想想他的工作多么辛苦单调？而我们乘客只几分钟就下车，各有各的目的，有的会朋友、有的看电影、有的去上课，而他却必须一直站着开车，如此一想你就会原谅他了。"几十年后，琦君在回忆时说，夏先生不仅仅教学生诗词文章，更以自己的言行教学生如何为人处世。

关于夏承焘的这些嘉言懿行，被记载在琦君散文《三十年点滴念师恩》中。每次读到，我的心底都有漾起既温暖又酸楚的涟漪。

三十年前，我念高一。我从小就视数学如畏途，而这年遇到的数学老师讲课偏偏不按常规出牌，常常一节课就把整单元的公式、定理串讲完，然后反复做练习、讲评。不能说这教法不高明，但绝大多数的学生却无法适应。我更是不知所云了，上课只好看小说或打瞌睡。有一天，我隐约听到老师喊了两三遍："最后一排，那位留长发的同学，来回答！"发现同学们都把注意力射到自己身上，我条件反射般站起来。自然，我半句话也答不出。数学老师当即发表一通高论，从我的长头发说起，直到我单元考试极低的分数。

到了高三，我遇到一个更奇葩的政治老师。据说，他常去省里出各种试卷，似乎是命题高手。这位老师三天两头就大发一次脾气，而且不是一般的脾气。一次，外面下暴雨，同学们本能地把头转向窗外。突然，教室里响起比雷电更恐怖的声音："不许向外面看！"——原来是老师的怒吼。我们惊惧地转过头。讲台上的老师正怒发冲冠，又大喊："还动？！看谁的头敢再动一动……"可怜的我们，那一节课像军训定型一般地坐着，纹丝不动。另一次，好像大家考得不好，他讲着讲着，不，吼着吼着，猛然跳下讲台，操起黑板擦，直奔教室后面。我以为哪个同学又要遭殃了，还好不是，只见他大步冲到后黑板前，左手三下五除二扫去黑板上的字（记得那还是我出的板报呢），右手噼里啪啦刷下两个大字，每个字大似箩筐："制怒！"这两个字，让我们更心惊肉跳，唯恐不慎哪里犯错，会引来一场狂风暴雨。我们在战战兢兢中熬过一堂课。时到今日，我都不晓得，那节课到底是什么天大的事引燃了老师的怒火，以至于必须用这种极端的方式来控制住自己。

如今，我教书已二十多年。最值得自己满意的，是我没在课堂上发过脾气。有一次，差点儿要举起黑板擦拍桌子了，终于控制住了。因为就在那一瞬间，我想到当年这位写下"制怒"二字的老师。我不能像他一样。

将来，大概更不会生气了，因为我心里又存下了一个温存体贴的老师，夏承焘。

2015.01

陈西滢家有一尊石膏像

教完《记念刘和珍君》，我萌发一个念头：跟学生聊聊陈西滢、杨荫榆，甚至段祺瑞。他们，都是这篇课文里的"反面人物"。倘若没有多余时间，无论如何，我也要说一说陈西滢先生。

杨绛在回忆她的三姑妈杨荫榆时写道："如今她已作古人；提及她而骂她的人还不少，记得她而知道她的人已不多了。"这话也适合于陈西滢。

幸运的是，《西滢闲话》终于在大陆出版了。我只花十几元就获得新书。这在从前是无法想象的。

大概1968年，梁实秋为《西滢闲话》在台湾的再版倾情作序。那时，陈西滢还健在，他只要求重版时，能把他和周氏兄弟几十年前的争论文章通通删去。理由是，周氏兄弟已去世了，往事不必重提。可见其人的厚道。因此，我得到的新书，字里行间自然少了当年的硝烟味。

梁实秋对《西滢闲话》评价甚高，把它和胡适、周氏兄弟、徐志摩的文章相提并论："谈起近代散文，我不由得要先想到这几个人。"

陈西滢的"闲话"是1925年左右陆续在《现代评论》周刊发表的。1927年梁实

《西滢闲话》

先生当年
教育的陈年旧事

秋、徐志摩等人在上海创办新月书店，把这些"闲话"文字结集，出版了《西滢闲话》，成为当时的畅销书之一。又因为"闲话"，陈西滢与鲁迅发生了那场著名的笔战，结局是陈西滢被鲁迅讽刺为"所谓的正人君子""所谓学者文人"，从此淡出文坛，专心教书。于是，那些"晶莹剔透，清可见底，而笔下如行云流水，有意态从容的趣味"（梁实秋语）的文字，无复再见。写"闲话"时的陈西滢，是20多岁的年轻人，刚从英伦留学归来，被蔡元培聘为北大教授。不难想见，刚沐浴过西风欧雨的少年陈西滢，如何的意气风发，踌躇满志。

关于淡出文坛的原委，陈西滢的女儿在该书附录《我的父亲陈西滢》中回忆："也许是他和我母亲结婚之后，母亲劝他不要锋芒太露，不要太得罪人。也许我父亲必须赡养他的父母兄弟姊妹，家累很重吧！"

女儿的猜测不无道理。陈西滢曾写信告诉女儿，他常常得罪了人而不自知，所以劝女儿做事说话不要不经过大脑，必须谨言慎行。陈西滢的这番肺腑之言，想必是从前车之鉴得来的。

在《我的父亲陈西滢》中，女儿回忆陈西滢的一个家庭生活细节。在她小时候，每天晚上，陈西滢在批阅学生作业前，都会先为女儿读一篇儿童小说。一次，有个故事实在太悲惨了，使她痛哭不已，陈西滢见状，当即过江，从武昌跑到汉口买来另一本开心的书"补偿"她。

在女儿的记忆中，父亲陈西滢从未在她面前批评过任何人，甚而至于"如果他听到有人批评某某人，他总是面红耳赤地替别人辩护"。

我读"闲话"时，脑海里会浮现出一个温厚的、面红耳赤的、略带口吃的慈父形象。

虽然口吃，虽然面红耳赤，陈先生其实却是喜欢"言论"的。但他的前提是必须让人人有说话的权利。在"闲话"中，他写道：

> 各国的社会党一天到晚主张言论自由，但是只要有人说一句社会党不行，他们就往往高呼狂叫，不准他再发一言。中国

人自然也不会是例外。

> 梁先生（指梁启超——笔者）的意见我们是不赞成的，……他错了，我们应当指正，可是我们只需用言论折服他。听说有人去禁止他再做文章，并且命令了即日离京，那未免做得太过分了。

> 我向来就不信多数人的意思总是对的。我可以说多数人的意思是常常错的。可是，少数人的意思并不因此就没有错的了。我们主张什么人都应当有言论的自由，不论多数少数都应当有发表意见的机会。

> 中国人向来是不容异己的论调的，所以在全国鼎沸的时候，有人居然肯冒众怒出来说几句冷话，只要他是有诚意的，我个人十分佩服他的勇气，不管他说的对不对。可是他的勇气不一定就使他对了。

读着一个世纪前这些清晰理性的声音，我联想起《我的父亲陈西滢》开头的话：

> 我们伦敦家里的客厅中，有一尊石膏塑像，那就是法国大文豪伏尔泰的头像，也是我父亲陈西滢所存下的唯一的塑像。我把它放在父亲的遗像旁边，因为伏尔泰是我父亲所最敬仰的世界伟人之一。……他的一句话："我虽然和你的意见不同，但是我宁可牺牲我的生命也要保护你的发言权利"，我觉得这是我父亲一生遵守的做人标准。

补充一点，不知是出版社的粗心还是其他原因，这篇《我的父亲陈西滢》竟无署名。上网搜索，陈西滢有个女儿叫陈小滢，现居美国。

2013.11

不争的柳诒徵

在二三十年代的中国史坛，柳诒徵（著名的历史学家、教育家、书法家、图书馆学家）与北方任教的史家陈垣、陈寅恪并称"南柳北陈"。他先后于国立东南大学、清华大学、中央大学、复旦大学等任教，宗白华、茅以升等学者、科学家都出其门下。

柳诒徵的外祖家鲍氏，是清代镇江世族，也是书香世家。外祖酒量极好，每晚必饮，边饮边和儿女们谈古说今，尤其不忘叙述历代先辈的诗文道德。年幼的柳诒徵坐在外祖旁边听讲，既增知识，又立志——"一心只想做一个人才，不愧我柳、鲍二家的先德"。柳诒徵从小跟母亲熟读"四书五经"，以及古文、《古诗源》、唐诗。母亲每每教诲他，"做诗做文不可好发牢骚，专说苦话，以及攻讦他人，触犯忌讳等等"。因此，柳诒徵从小就自觉养成克制、平和的作风。

针对当时章太炎、梁任公、胡适等人诋毁孔子、崇拜墨子等言论，1921 年柳诒徵在自己创办的《史地学报》上，撰写了题为《论近人言诸子之学者之失》的反驳文章，但措词极其慎重温和，毫无火药味。发表后，章太炎见了，亲自写信给柳诒徵，声明从前诋毁孔子的言论是失误的，并对柳的批评表示感谢。后来两人相见，"甚为契合"，章太炎还写了一扇面赠予比他年少 10 岁的柳诒徵："博见强识，过绝于人。"梁任公看过柳诒徵的文章后暂时没有什么反应。第二年冬天，梁任公到东南大学讲学，见到柳诒徵，非常客气，也当即写一联相赠："受人以虚求是于实，所见者大独为其难。"至于胡适，后来见了柳诒徵也客客气气。有趣的是，柳诒徵的某位学生还曾询问胡适对柳诒徵的批评（胡适鼓吹客观，而柳诒徵恰恰批评胡适的议论不纯是客观）有何看法，胡适答道："讲学问的人，多少总有点主观。"

1928年，国民政府成立，国立东南大学改为国立第四中山大学，柳诒徵任该校教授兼筹备委员。当时中央政府规定，江苏田赋180万要充教育专款。而江苏省财政厅长借口江苏预算已经制定，田赋收入并无余款可以划拨。国立第四中山大学校长和财政厅长商量不通，就派柳诒徵和另外两三个筹备委员去财政厅交涉。财政厅依然一口回绝。校长再派柳诒徵等两人去。财政厅长说，已说过一个钱也没有，你们何必又来添麻烦。柳诒徵慢慢说："此次来商量必须有个具体的办法，若是说空话，我也不敢来惊动，我虽没有办过财政，我却晓得财政家有个秘诀，就是收入是以多报少，支出是以少报多。这也难怪主持财政的人，如若不照这样做，就没有活动的余地了。我今天来，是请求财政厅长开诚布公将实在情况告诉我们，不要再藏头露尾，使得办教育的人为难。"厅长立即站起否认这种说法，又表示，如有这种情形，他愿意和柳诒徵对调，到第四中山大学教书，让柳诒徵来当厅长。柳诒徵听了，请厅长不要动气，继续平静地说，前天厅长给他们看本年的预算，田赋数目与额征之数不符，又和前几年实征之数不符，明明是以多报少，厅长如不信，他可以将他写的一篇账请厅长细看。厅长当场无语。柳诒徵一看有希望，就婉转地替财政厅长出谋划策，如何把教育资金拨出，又如何在省政府会议上自圆其说。这位厅长当即满口承认，并照办不误。

后来有人问柳诒徵如何对江苏的财政如此了如指掌的，是从前做过省议员吗？柳诒徵说，自己只是江苏的一个老百姓，不曾做过议员，但既然是江苏的老百姓，就应当留心江苏的财政，况且"读书的人，不是只晓得过去的书，也要读当时的书，这才可以讲教育"。

文史学家郑逸梅在回忆中提到，一次，有个新学者对柳诒徵说："线装书陈腐不堪，在新社会简直没有用处，不如付诸一炬。"柳诒徵对这些一味崇洋而摈弃国学有似敝屣的所谓新学者向来持批评态度，但他不动声色，只是对新学者一笑，说："你这样的提倡，我非常赞同。但我有一建议，这行动不做则已，要做须做彻底，否则这儿焚毁，别处没有焚毁，还是起不了大作用。务必大声疾呼，号召全国，一致把所有线装书统通焚毁净尽，且这样做还不妥当，因为我国所藏的书都焚毁了，世界各国的图书馆还尚有难以计数的我国线装书珍藏着，也当动员他们如法炮制，采取共同行动。否则外国有些汉学家，正在孜孜不倦地研究汉学，他们倘来我华，对于我国的经史子集提出问题，和我们商讨，那时我们瞠目不知所对，似乎太说不过去，未免贻笑于国际吧！"新学者听完，自知理亏，羞愧而去。

柳诒徵在自述中说他成年后曾多次卷入学术纷争，却都能"止于笼统指摘，绝不评诋个人"，"也止于平心静气讨论学术，不立门户，不争意气"。柳诒徵的确做到言行一致。但柳先生的"不争"，似乎也是一种争，是平心静气的争，是不争之争。

2015.01

大师的"虚怀若谷"

　　国学大师柳诒徵先生在《我的自述》一书中，对自己的评价非常有意思。

　　柳诒徵承认自己运气比较好，生在光绪初年，少小时在外祖家，有机会从外祖、两舅氏那里学习外祖家先人以及家乡先哲"文章道德经术门径"，从中汲取营养，又恰逢国家社会动荡与变迁，有机会随着同时代的人物"逐渐演进"，由此过渡到现代社会中，比起乾、嘉、道、咸、同、光的那些人，所遭遇、所见、所知不同，因此才有所贡献。柳诒徵说，这是时势造人，非靠个人的人力以及天资能够做到的，哪怕"后来子弟，尽有天资颖敏，殚精科学，蜚声世界，突过前贤者。但其由旧而新，决不能如我一生遭际，此为我所敢断言"。

　　接着柳诒徵谈及个人读书、著述和教书。他说，自己平生只知读书，不会做旁的事，读书几十年，"虽有点一知半解，依然是读书未通"。说到文章名世，柳诒徵表示"向来不敢学一种文人。偶然写几篇诗文，也不敢希望什么名誉，不过略抒胸臆，等于平常谈话"。至于教书之事，因为"赋性之呆，教授指导，往往只有我的主观，不能设身处地，体贴青年及儿童心理，诱掖奖劝，使人乐从"。因此，所教的学生虽多，不能说有成就。柳诒徵还表白：凡是他所教的学生表现优秀的，都是学生本人天资高、志趣好、自己能深造有成，不是他教好的，至于许多表现平庸的，也各有他们的习气和环境关系，但他作为老师也应当负一定的职责，他不能慢慢地将他们教好，就是他的罪过。柳诒徵说：自己一生"拿了小、中、大各学校多少薪水究竟成就了多少人才，算起这笔账来，真正惭愧死了。"

柳诒徵教书一辈子，学生共有多少，我不知道，但翻阅柳诒徵的孙子柳曾符编的《劬堂学记》一书时，发现仅书后所附的"同学弟子传略"中所列举的杰出学生就有30人左右，比如茅以升、向达、陈子展、王季思等，用"桃李遍天下"来形容柳诒徵绝非过誉。作为教师，当回顾总结职业生涯的得失时，能如此虚怀地看待自己，能如此有勇气地检讨自我，甚至自觉"惭愧死了"，这样的人，古今中外似乎并不多见。

胡适去世后，苏雪林撰文回忆了自己与胡适同乡兼师生之缘。那年，苏雪林在北京女子高等师范中文系做学生，听过胡适讲中国哲学一年。课堂上的胡适绅士风度十足，上课点名时，总于学生姓名下缀以"女士"称呼，譬如孙继绪女士、钱用和女士……女生们听了不免互视而微笑。当时胡适刚在《新青年》上发表《文学改良刍议》等宏文，声名正盛，每逢他来上课，别班同学纷纷来旁听，有时连本校的监学、舍监及其他女职员都端了凳子坐在后面，一睹胡适的丰采。教室容纳不下，便把教室旁边的图书室大门也敞开。黑压压的一堂人，甚至走廊里也挤满了人，大家鸦雀无声，聚精会神，倾听这位大师的侃侃而谈。胡适讲课"沉着有力、音节则潺潺如清泉非常悦耳"，"有时说句幽默的话，风趣横生，引起全堂哗然一笑，但立刻又沉寂下去，谁都不忍忽略胡先生的只词片语"。在苏雪林看来，听胡适上课，"不但是心灵莫大的享受，也是耳朵莫大的享受"。可见胡适上课是极其精彩的。

1959年夏天，胡适在台湾师范大学毕业会上演讲，苏雪林因为治疗眼疾，也在台北，听讲时又恰好坐在前排。演讲的内容是关于师大毕业生今后的为人师之道。胡适讲到为人师的不易，他以本人为例，说自己教书三十年，不知究竟给了学生多少好处，总之心里是没底的，所以每当听人称他为老师，就觉得惶愧。接着，胡适举例说，他曾在北京女师大国文系教书过，学生中就出了好几个人才，像女文学家苏雪林，到现在还"老师""老师"地称呼他，真叫他承受不起。

胡适说到这里，从台上往下望着苏雪林笑，羞得苏雪林连头都抬不起。演讲结束后，校长在办公室招待胡适等人，苏雪林刚好有事从办公室门口走过，胡适见了欠身向苏雪林打招呼，邀请苏雪林入内共享茶点。天性羞怯的苏雪林不敢进去，匆匆走过了。

忆及此，苏雪林感叹道："大师之如何的'虚怀若谷'也可以更看出来了。"

2015.01

胡博士题字

　　黄裳先生在《张奚若与邓叔存》的怀旧文中提及 1946 年他编上海《文汇报》时的若干往事。当时编报人手少，交通极不便利，许多组稿和联系工作，就靠写信给远在北京、未曾谋面的吴晗以及吴晗的学生潘静远。

　　潘静远是一位不可多得的天才记者，活动能力强，在北京的教授群中活跃得很，堪称如鱼得水，无论左、中、右哪一派，他都能左右逢源，随时进行各种访问、谈话。黄裳请潘静远采访组稿，进步作者自不必说，就是对某些国民党官方人物，也能借组稿随时了解他们的思想动态。

　　一次，潘静远以北大学生兼《文汇报》记者的身份采访了时任北大校长的胡适，"谈话进行得很热烈，自然是不同意见的交锋"。谈话结束时，潘静远取出一张纸来，以黄裳的名义请胡博士题字。黄裳回忆说，这不是他个人的请求，完全是潘静远自作主张。那么，为什么潘要故意这么做？原来，在潘采访胡适的几天前，黄裳在《文汇报》上发表了一篇《过河卒子》的杂文，"对准备下海参加伪国大竞选的胡适进行了抨击"，并且"这事胡适当然是知道的"。

非其豪也，非其道也，一介不以与人，一介不以取诸人。

孟子的话。一介是一个贝壳。

胡适

胡适听了潘静远的请求后，笑了笑，爽快地打开墨盒，从容写下"有一分证据说一分话"九个大字，然后一丝不苟地题款、签名。

对胡适当时的做法，黄裳在忆述中说："我想这就像拳师比拳时摆出的某种架式……意思不过是说：'你骂了我，可是证据呢？'博士到底是博士，懂得君子动口不动手的精义，话又说得那么含蓄，但其实是厉害的。"看来，黄裳还是欣赏胡适"动口不动手"的君子气度，只不过仍把胡适比作跃跃欲试的"拳师"。

后来我翻看《黄裳自选集》，竟然在其中《胡适的一首诗》文中发现作者与胡适当年这段"恩怨"的来龙去脉。黄裳这篇《胡适的一首诗》的文章写于1985年，比《张奚若与邓叔存》的写作时间迟了两年。作者开头第一句是"胡适死去很久了"，看了让我莫名的不适。还好，全文读下来，觉得说法还算客观。

事情得追溯到1947年。黄裳偶然在一份国民党军统办的通讯社的铅印稿中读到胡适的一首小诗："偶有几茎白发，心情微近中年。做了过河卒子，只有拼命向前。"彼时的胡适在许多进步人士眼里，已近乎"反动人物"。黄裳就此诗写了一篇小杂感，连胡适的诗一起在报上刊登。题目是《过了河的"卒"》，而非《过河卒子》。小杂感一发表，郭沫若、唐弢等人相继也撰写评论或杂文，当然，矛头一律指向胡适。

在这不足千字的杂感里，黄裳认为胡适是替蒋介石卖命的过河卒子，"只能杀奔前去，走一步少一步，到底是死路一条"云云。同时，揣测胡适那种"过河卒子"的心情，跟"洪承畴在死囚狱中，吴梅村在去京路上，……博士的老友知堂先生出席大东亚文学者的会谈之前"，应该是一样的。文章的言辞，极尽冷嘲热讽之能事。今天，作为局外人，我读了都觉得刻薄。至于胡适本人，当时读了心境如何，谁也不知道。反正，直至1961年，胡适对此依旧耿耿于怀，他在一篇日记中辩解说，这首小诗自己写于1937年，"是完全对抗战发生而写的"，并非有些人所"攻击"的"卖身给蒋介石"。

1947 年以及之后的胡适，是否称得上"卖身给蒋介石"，历史自有公论，在此不多言。但是，我读完这段"掌故"，眼前一直浮现出胡适先生那张英俊的、温和的脸。我想，1947 年的胡适，应该是非常在乎黄裳这篇《过了河的"卒"》的，否则

《四十自述》（民国旧书）

决不会在事过十多年仍放不下，借日记"澄清一番"。然而，他当时面对一个大学生那种半请求半刺探的举动，表现得很平和，还"笑了笑"，爽快满足了他的题字要求，这着实令我吃惊。然而，胡适并不软弱，他在九个题字中，又表明了自己的立场。胡适的态度如此坚定，却又如此委婉，有绅士风度，实在漂亮极了。这种涵养工夫，是如何修炼的呢？

胡适在《四十自述》一书中，叙述了母亲跟自己两个嫂子、五叔等人的家庭矛盾纠葛后，留下一段动人的话。这段话，既解开了我上面的疑问，又启示我：在一个人的成长过程中，母亲教育的意义是何其深远。

《四十自述》（2013 年版）

　　我母亲待人最仁慈，最温和，从来没有一句伤人感情的话；但她有时候也很有刚气，不受一点人格上的侮辱。……我在我母亲的教训之下住了九年，受了她的极大极深的影响。

　　我十四岁便离开她了，在这广漠的人海里独自扑了二十多

年，没有一个人管束过我。如果我学得了一丝一毫的好脾气，如果我学得了一点点待人接物的和气，如果我能宽恕人，体谅人——我都得感谢我的慈母。

2013.08

高锟校长有雅量

离香港回归还有五年的 1992 年，彭定康总督在施政报告中提出政治改革方案。中方发现彭定康的意图，决定"另起炉灶"，邀请香港各界精英出任港事顾问。在这样复杂的背景下，时任香港中文大学校长的高锟成了受邀名单上的人。

一向有参与校政和关心社会传统的中大学生会发出声明，指出港事顾问是不民主的政治委任，反对高锟校长担任此职，并要求他公开交代事件经过。1993 年 3 月 31 日，中大一千多名师生和全香港所有媒体集中在中大烽火台举办论坛，等待高锟校长出席并做公开解释。

面对发问者的质疑与冷嘲热讽，高锟不以为忤，还忍不住和学生一起笑起来。他坦承自己对政治不熟悉，也无兴趣，只是如果这次拒绝接受委任，会引起对方"猜疑"，"弊多于利"。学生讽刺高锟校长六十岁了还如此"天真"，高锟校长说："你们说我太天真了，我说我是一个很真实的人，希望大家努力对香港的将来做一些事情，这是不错的。"

论坛最后，学生会会长把一个纸质传声筒递给高锟，暗讽他成了中方的传声筒。高锟坦然接过传声筒。

次日，高锟上北京接受委任，学生会再次到机场示威。高锟自北京回来后，接受学生会的访问。被问及如何看待学生抗议时，高锟说学生会对他没有作出任何人身攻击，况且，"在香港，学生完全有权和有自由这样做"。

此后高锟如常接受学生会的各种采访，每年亲自写一封信感谢学生会的工作，从个人收入中拿出两万元资助学生会里有经济困难的同学。

1993 年底，中大建校三十年纪念日典礼上，部分学生上台抢麦克风，又用一条长布横幅将中大校徽遮起来，场面混乱。典礼匆匆结束后，大批记者围住高锟。当时作为学生报记者的周保松问："校方会不会处分这些同学？""处分？我为什么要处分他们？他们有表达意见的自由。"高锟平静回答。

几年后，高锟到中大学生报办公室，打开当年的报纸，谈他的感受："我的感觉是学生一定要这样做，不然我听不到新的思想。他们表达之后，我们至少有一个反应，知道他们在争取什么东西。"

2009 年高锟获诺贝尔物理学奖后，他太太黄美芸女士在香港中文大学演讲，提及高锟当年和学生激烈争论后，回家对她说："什么都反对才像学生哩！"

这些事记录在中大学生会出版的《中大三十年》《中大学生》，以及周保松的文章《真正的教者——侧记高锟校长》。

香港著名媒体人梁文道跟周保松是大学同窗。在一个节目中，梁文道说，香港电视台曾经访问高锟太太，高太太回忆说，有一次学生用避孕套包着一个玩具送给高锟校长，当晚，高太太问高锟怎么容许学生如此折腾，高锟的回答是："这才是大学生啊！大学生不这么搞，那还叫大学生吗？"

高锟的话让我记起一段民国往事。上世纪四十年代，重庆南开中学校长张伯苓当选为国民党中央监察委员。某天，重庆的大刊物《新闻天地》针对张伯苓此事刊发了一篇题为《走错了一步棋的张伯苓》的批评文章，作者竟是重庆南开中学一位年近 15 岁的学生。张伯苓知道后，十分赏识这学生，他说："不管他说得对不对，才念高一就敢在杂志上指名道姓地批评他的老校长。这说明他没白念南开，也说明我们南开教育的成功。"

今天，哪里可见这种"走错了一步棋"的校长？

先生当年
教育的陈年旧事

教育者的胸襟

著名社会学家陈达是刘绪贻在清华大学和西南联大的老师。刘绪贻在他的百岁口述自传中，回忆了这位恩师。

陈达教授平时不苟言笑，衣履整洁朴素，为学严谨踏实，深受学生敬重。遗憾的是，站在讲台上的陈达教授，却显得有些笨拙，缺乏亲和力。他上课时正襟危坐，拿着预备好的提纲，字斟句酌地讲，干干巴巴，令人乏味。对这古板的教法，学生在课外难免流露出不满。到上学期的最后一节课，陈达教授郑重地询问学生对他的讲课有何意见。由于陈达教授名气太大了，大家平时虽有意见，这时却不敢吭声。教室安静了一会儿，刘绪贻终于忍不住说："陈先生这种讲课法，我曾想过。我们每星期上课 3 次，共 6 小时；从宿舍到教室往返 1 次 1 小时，3 次共 3 小时；上课加往返，1 星期总共要花 9 小时。1 学期如以 18 星期计算，共为 162 小时。如果陈先生将讲课内容印成讲义发给我们，我们只要几小时或 1 天便可仔细阅读完毕，剩下的时间可以读别的书，不更好吗？"

陈达教授听了，脸色很难看。他克制着，只是说："照你这种说法，那么，办大学便没有什么必要了。"刘绪贻理直气壮回答："的确，这是我一再思考的问题。我曾问过潘（光旦）先生、吴（文藻）先生，他们也未给我满意的答复。"陈达教授说："恐怕比潘先生、吴先生再高明的人也答复不了你这个问题。"

下课后，刘绪贻才发觉自己言词过激，伤了老师的感情，十分后悔。

同学们也为他捏一把汗，担心他今后学习中会遇到困难。然而，事实证明，陈达毕竟是一个大学者。他先是给刘绪贻的课程论文打了 95 分高分，学年考试成绩也列全班之冠。后来，刘绪贻的学士论文由陈达教授指导，也得了 95 分。毕业后，陈达还挽留刘绪贻在他主持的清华大学国情普查研究所工作；当刘绪贻为了女朋友而坚决选择去重庆工作时，陈达亲自写了介绍信，把刘绪贻推荐给重庆的熟人。

1946 年，陈达到芝加哥讲学，获知刘绪贻也在美国芝加哥大学读书，而且"高等代数"和"高级统计学"两门课程的学习成绩特别突出，就托人转告刘绪贻，希望他专攻社会统计学，将来回清华任教。后来，作为史学家的刘绪贻在社会学领域同样成就卓著，与陈达的影响是分不开的。

逻辑学家和哲学家周礼全在《回忆金岳霖师二三事》中，也记述了自己顶撞金岳霖教授的一段往事。1941 年，周礼全在西南联大哲学系读书时，金岳霖是他的老师。课后，周礼全时常陪着金岳霖漫步走回宿舍，一边请教问题，有时也对讲课的内容提出不同意见。金岳霖总是亲切而耐心地解释。

写毕业论文时，金岳霖是周礼全的指导老师。周礼全在论文中几次用"知识论系统"观点，批评金岳霖的"朴素实在论"，然后把论文交给金岳霖。一星期后周礼全应邀去金岳霖住处面谈。金岳霖对论文提出了一系列批评。周礼全就一个一个问题作出答辩。金先生又对答辩进行批评。周礼全又为自己的答辩辩护。两人的辩论越来越激烈，声调也越来越高，使得邻居也过来看发生什么事。这次辩论从下午两点多延续到快六点。告辞时，金岳霖把论文还给周礼全。看见金岳霖在论文上多处写了批语"无的放矢""这是自相矛盾"等等，周礼全感到很失望，更担心老师会给"不及格"。后来评分公布，出乎意料，分数相当高。

1946 年，周礼全在清华大学哲学系读研究生，金岳霖仍是导师。由于只有周礼全一人选修了金岳霖的"知识论研究"课程，金岳霖就采取了特别的教法。每次课前，金岳霖指定周礼全阅读文献，上课时先由周礼全汇报文献的内容以及对这些内容的看法，接着金岳霖发表意见。最后，师生二人讨论。讨论常常变成激烈的辩论。

有一次讨论，金岳霖提出了自己的一个哲学理论。周礼全说这个理论不够清楚。金岳霖便进一步作出阐明和解释。周礼全仍表示无法理解。金岳霖有些"火"了，责备说："你这个人的思想怎么这样顽固！"周礼全寸步不让，回应说："不是我思想顽固，是你思想糊涂！"金岳霖一听，满脸涨红，从坐椅上站起来，两手撑在面前的书桌上，身体前倾，两眼盯着周礼全。这时周礼全发觉自己太失礼了，赶紧低下头，静候老师的训斥。金岳霖盯了一阵之后，一边喃喃自语："我思想糊涂，我思想糊涂"，一边慢慢地坐回椅子上。又过了一会儿，金岳霖冷静地说："好吧，今天的课在此打住。下次上课时，我们继续讨论。"

此后好几天，周礼全打定主意，下次上课，一定要正式向老师道歉。一星期后，周礼全紧张地走进金岳霖的房间。金岳霖见了，像往常一样，亲切地叫他坐下，根本没提上周那件不愉快的事，仿佛没有发生一样。金岳霖先花一二十分钟，详细而谨严地再次陈述他上次提出的那个理论。

不同的教育者，学问有大小，教学水平有高低，但优秀的教育者，有一点应是相同的，那便是拥有宽广的胸襟气度，无论他是著名教授、大师，还是普通老师。

2015.07

从顾颉刚到葛剑雄

谭其骧（中国历史地理学科的主要奠基人和开拓者）1926 年考进上海大学，读的是社会系，第二年转入上海暨南大学中文系，第三年的头两个星期读的是外文系，到第三个星期才转入历史系，先后共转了三个系。他晚年回忆说，自己大三开学时，为了转不转系，转哪个系，曾经寝食不安地思考过好几天。不少人反对他转入历史系，但谭其骧不为所动，他认为自己长于逻辑思维，短于形象思维，不适合搞文学，学历史尤其搞考证就相当合适。这是谭其骧的自知之明。但真正把谭其骧引入史学殿堂的，是顾颉刚。

1930 年，谭其骧从上海暨南大学历史系毕业，进入燕京大学研究院，师从顾颉刚先生。第二年秋季开学，选读了顾颉刚的"尚书研究"课。顾先生在讲义中讲到《尚书·尧典》篇时，认为其写作时代应在西汉武帝之后，论据是：《尧典》里说虞舜时"肇十有二州"一说，所以《尧典》的十二州应是袭自汉武帝时的制度。为了让同学了解汉代的制度，顾先生还印发给班上学生每人一册《汉书·地理志》，作为《尚书研究讲义》的附录。

可是谭其骧不同意顾颉刚的见解，认为十二州应为东汉之制，而非西汉之制。一次下课，谭其骧向顾先生提出了自己的看法，顾先生当即要他把看法写成文字。谭其骧本来只想口头说说就算了，由于老师提出这一要求，他不得不去认真查阅《汉书》《后汉书》《晋书》等书的有关篇章，把这些看法整理成一封信交给顾先生。想不到顾先生第二天就回了一封六七千字的长信，结论是赞成其中的三点，不赞成的也是三点。顾颉刚的回应激发了谭其骧钻研的兴趣和辩论的勇气。六天后，谭其骧又就顾先生所不赞成的三点申述了论据，写了第二封信。隔了十多天顾先生又给他一封复信，对第二封来信的论点又同意了一点，反对两点。不久，顾颉刚把这四封信，另外加上一个"附说"，作为这一门课讲义的一部分，印发给了全班同学。在"附说"中，顾先生自信地写道："现在经过这样的辩论之后……对于这些时期中的分州制度，二千年来的学者再也没有像我们这样清楚了。"

那时候，顾颉刚已是史学界公认的权威，而谭其骧不过是个二十出头的毛头小子。

忆起半个多世纪前的旧事，谭其骧说："这场讨论之所以能够充分展开，并取得了颇为丰硕的成果，……关键在于顾先生的态度。当我对他提出口头意见时，他既不是不予理睬，也没有马上为自己的看法辩护，而是鼓励我把意见详细写下来。我两次去信，他两次回信，都肯定了我一部分意见，又否定了我另一部分意见。同意时就直率地承认自己原来的看法错了，不同意时就详尽地陈述自己的论据，指出我的错误。信中的措词是那么谦虚诚恳，绝不以权威自居，完全把我当做一个平等的讨论对手看待。这是何等真挚动人的气度！他不仅对我这个讨论对手承认自己有一部分看法是错误的，并且还要在通信结束以后把来往信件全部印发给全班同学，公之于众，这又是何等宽宏博大的胸襟！"这场讨论，使得谭其骧对历史地理发生了浓厚的兴趣，又提高了研究能力，从此迈进了历史学科的大门。

许多年之后，谭其骧成了葛剑雄的老师。曾任复旦大学图书馆馆长的葛剑雄在谈到恩师谭其骧时，追忆了两件事。一是谭其骧在编撰《中国历史大辞典》的时候，涉及一部分地名，当时有一个内部刊物定期刊登编撰过程中的样稿以及大家的讨论发言。作为谭其骧助手的葛剑雄发现"北京"地名的条目和《辞海》内的说法很接近，且不够完整。一次，葛剑雄向老师指出了这情况，谭其骧鼓励他："那很好，你补啊。"等到葛剑雄把内容补完整了，谭其骧才告诉葛剑雄《辞海》中关于"北京"这一条就是他本人撰写的。不久，葛剑雄在刊物上看到了谭其骧写给编辑部的一封信，刊登了葛剑雄补充的相关内容。葛剑雄没想到谭其骧会这样做，感到有些不安，谭其骧安慰道："不要因为我是你的老师而有什么两样。登出了样稿有错或是有要补的你们就要指出来。"

在一次采访中，葛剑雄说某年有个学生来考他的博士生，几门成绩都不及格，但面试时葛剑雄觉得他思路很清晰，颇具学术潜力，就冒险把他特招进来。后来，这位学生对汉简上的文字产生兴趣，想做一个相关的题目。葛剑雄否定了他，理由是该题目从谭其骧开始已有许多人做过了，不容易出新意。这位学生并不放弃，他反复做了研究，进展很大，同时开启了好几个新课题，葛剑雄才支持他。最后该学生的毕业论文入选了当年全国一百篇优秀博士论文。由此也说明，即使前人已经做过的一些课题，现在借助新的材料和新的研究手段，仍有可能创新。

在该生的博士论文的序里，葛剑雄说：从谭其骧老师直至他这一代，无不希望后人能超越前人；在真正做学术研究讨论的时候，没有老师和学生之分，他们是平等的，更像是朋友间的一种交流。

从顾颉刚到谭其骧，从谭其骧到葛剑雄，再从葛剑雄到新一辈学生，我看到某种可贵的血液在一代代学人之间流淌着，不曾停歇。

2015.01

372 字的大师自传

　　科学家兼散文家陈之藩先生表示自己绝对不写自传，理由是传主作传，选择事件本身已充满主观，会有意无意放大或缩小事件在人生中的比重，尤其自传是为自己作辩护的，观点既有所偏，真相自然大打折扣。钱锺书也曾刻薄地形容那些"做自传的人……逞心如意描摹出自己老婆、儿子都认不得的形象"。不过，如果因怕有所偏，而不写自传，这未免因噎废食。况且，自知有所偏，下笔时多一分警惕心，也就能少些主观色彩。

　　事实上，写自传的大有人在，尤其名流之辈。不仅写，有的人还洋洋洒洒写了一本又一本。

　　我是比较爱读自传的，高品质的自传，里面有个人的悲欢离合，有历史的风云，可资后人研究、借鉴的东西多多。如果传主高寿，文字间便揉入了一份沧桑与通透。触摸这样的传记，仿佛在触摸一部用文字之砖块砌筑成的风雨人生。这种自传，不嫌长，更不可无。

　　有的自传也写得极短。鲁迅先生

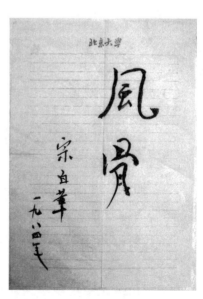

宗白华书法

去世前六年写的自传便是。自传中数学公式一般地简要交代生平的基本事件，如出生，家境衰落，留学日本，回国教书，作品。唯一稍有渲染的是写在日本仙台弃医从文的那起事件。全文仅982字。鲁迅先生这样精炼的自传，让我想起他遗言中的话："赶快收敛，埋掉，拉倒。不要做任何关于纪念的事。忘掉我，管自己的生活。"

翻阅《宗白华全集》，同样惊讶于宗白华先生的自传，更短，几乎可用"简陋"一词来形容。因为简短，抄于兹，共赏：

> 1897年12月22日生于安徽安庆市小南门方宅母亲的家中，祖籍江苏省常熟县。原名宗之槐。童年在南京模范小学读书。
>
> 1914年，到青岛德国人办的青岛大学学习德文四年，在语文科卒业。
>
> 1919年，"五四"运动时，参加"少年中国学会"，编辑在上海出版的《少年中国》月刊。同年，经巴黎赴德国留学，在佛兰府大学哲学系学习，第三学期转到柏林大学学习美学及历史哲学。
>
> 1921年3月，《看来罗丹雕塑以后》发表于《少年中国》2卷9期。
>
> 1923年，诗集《流云》由亚东图书馆出版。
>
> 1925年12月，从德国归来后，在南京东南大学哲学系任教。
>
> 1935年7月，译作歌德的《单纯的自然描摹、式样、风格》发表于《文学》5卷1号。
>
> 1937年，抗日战争爆发后，12月南京陷落，随学校迁至重庆。
>
> 1940年5月，《我所见到的"五四"时代的一方面》，发表

于《中苏文艺》6卷3期。

1945年，抗战胜利后，返回南京继续任教。

1952年，到北京大学哲学系任美学史教授至今。著作有《中国书法里的美学思想》等论文。

此文写于1980年。用372字，概括83年的人生踪迹和学术成果。关于成果，宗白华仅列出《中国书法里的美学思想》一篇论文，余者不谈。宗白华一生著作（含译著）虽称不上等身，仅有四卷本的《宗白华全集》，但作为一代美学宗师，四卷书足以令他在中国美学史上享有崇高的地位。其实，早在二十世纪二十至四十年代，宗白华就与邓以蛰并称为"南宗北邓"，后来加上回国的朱光潜，三人成为当时享誉海内的三大美学家。宗白华的"代表作仅一篇"的作风，让我想起大哲学家金岳霖，金先生88岁那年总结一生所撰的论文，也说比较得意的只有三篇，并自称是"老王卖瓜"。

读《宗白华全集》过程中，还有一处让人难忘。1983年，为《艺术欣赏指要》一书作序，宗白华开头第一句："我与艺术相忘交情，艺术与我忘情相交，凡八十又六矣。然而说起欣赏之经验，却甚寥寥。"

宗白华浸淫于艺术中已86载，却依然自觉"欣赏之经验""寥寥"。无独有偶，著名学者、文学家金克木先生82岁接受采访，也表示"不敢说自己会中国语文"。

2014.01

"不居功"

近日翻阅《叶圣陶集》，从两篇回忆性文章中见出叶圣陶之为人。

一篇是叶圣陶在开明书店（出版社）创办60周年纪念会上的讲话。叶圣陶说，一提到开明书店，大家都说办得还不错，而且总要提到他，好像这都是他一人的功劳。其实不是这样。理由有几个，其一是叶圣陶进开明书店是在1931年，那时书店已经创办5年了。二是跟叶圣陶先后在一起工作的，除了夏丏尊外，还有许多人，接着叶圣陶开列了一长串名单，有丰子恺、周振甫、贾祖璋以及一些我不熟悉的名字。最后叶圣陶道："开明书店……是这许多人共同努力的结果。其中有我的一小份，只是一小份而已。"此时叶老已91岁，这段"开明辉煌历史"，倘若他隐而不说，有资格说的人，大概寥寥无几了。

另一篇是叶圣陶回忆当年主编著名杂志《小说月报》的事。1927年5月，郑振铎去欧洲留学，托叶圣陶代为主编《小说月报》。1929年5月郑振铎归国，接回杂志。两年间，叶圣陶一共代编辑了24期。

熟悉现代文学史的人都深知，这两年内，《小说月刊》新人辈出，以茅盾、冰心、巴金为代表。作为代主编的叶圣陶自然功不可没。然而，叶圣陶说："现在经常有人说那两年的《小说月报》上出现了许多新作者，说我如何能发现人才。……他们的名字能在读者的心里生根，由于他们开始就认真，以后又不懈地努力，怎么能归功于我呢？我只是仔细阅读来稿，站在读者的立场上或取或舍而已。……这些是所有的编辑员都能做到的。"

叶圣陶又特地交代，那两年的编辑工作是徐调孚跟他一同做的，而徐调孚从1924年起就进了《小说月报》，业务更熟悉。"他勤勤恳恳为读者服务了一辈子，我是永远忘不了的。"叶圣陶写道。

著名的美学家宗白华23岁时也当过编辑。1919年他应上海《时事新报》副刊《学灯》编辑郭虞裳的邀请，替代他编辑《学灯》。宗白华从内容到形式对《学灯》进行革新，注入新理念，使之一跃成为"五四"时期的四大副刊之一。在此之前，曾主编《学灯》的郭不欣赏新文学，此类来稿堆积着。在积稿中，宗白华看到一个年轻人从日本寄来的新诗，深为诗中那充满火山爆发式的激情和不拘一格的形式所震撼。于是，从1919年12月起，《学灯》开辟"新诗"栏目，且整整一个月的新诗栏目，全刊发他的诗歌。这个人就是郭沫若。不久，郭沫若把主要在《学灯》上发表的诗歌以《女神》之名出版，一时洛阳纸贵。从此，中国文坛一颗巨星升起。郭沫若回忆这段历史时说，是宗白华引爆了他的创作欲，并称宗白华为"我的钟子期"。但谈起这段"辉煌"往事，宗白华却显得平淡，他认为，作为编辑，自己"只是尽了职业范围应尽的职责"。

当教师与当编辑有不少相通之处。我由此想起被誉为"中国物理学之父"的吴大猷教授。吴大猷抗战时期在西南联大教书，培养了一大批蜚声世界的人才，代表人物有李政道、杨振宁、黄昆、黄授书、张守廉等。据杨振宁回忆，吴大猷不仅是他西南联大学士学位论文的指导老师，而且更重要的是在于把他引入物理学中的"群论"这一领域，后者对杨振宁"以后作为一个物理学家的发展具有深远的影响"。而对"物理奇才"李政道，吴大猷更是倾注了心血，常在课后为他开小灶，在短短的时间内，辅导李政道学习了从古典力学到量子力学的全部课程。李政道在《回忆吴大猷先生》一文道："在昆明的这一段时期是我一生学物理过程中的大关键，因为有了扎实的根基，使我在1946年秋入芝加哥大学之后，可立刻参加研究院的工作。"

几十年后，这一批学生已在世界物理学界享有盛誉甚至摘取了诺贝尔奖的桂冠。吴大猷回首当年在西南联大的岁月，淡然写道："近年来李、杨成就卓然。时人常提到二人是我的学生，是我精心培植出来的，尤将李与我的机遇更传为美谈。其实，我们不过适逢其会，只是在彼时彼地恰巧遇上而已。譬如两颗钻石，不管你把它们放在哪里，它们还是钻石。"

"我们不过适逢其会"，"这些是所有的编辑员都能做到的"，"只是尽了职业范围应尽的职责"，吴大猷、叶圣陶、宗白华的话如出一辙。如今，三位先生已成千古，但正如老子所言："夫唯弗居，是以不去。"（"因为不拥有，才不会失去。"）我想，后人不仅会记住他们创造的作品与学问，也将记住他们"功成而不居"的胸怀。

2013.12

第四辑　先生情怀

先生当差

教育的陈年旧事

老北大的"酒先生"

北大教授马衡嗜酒，为人端正拘谨的钱玄同常去马衡家聊天，免不了"被喝酒"。钱玄同本来也会喝几口，因为血压高，只能"点"到为止。后来实在拗不过，自拟一"酒誓"，一式两份，其中一份寄在好友周作人那里，大概钱玄同去周家，也少不了要喝点。"酒誓"写得郑重其事，用"九行行七"的红格纸撰写：

> 我从中华民国二十二年七月二日起，当天发誓，绝对戒酒，即对于马凡将（即马衡——笔者注）周苦雨（即周作人——笔者注）二氏，亦不敷衍矣。恐后无凭，立此存照。钱龟竟十。

红格纸下方盖有"龟竟"的红印子，"十"字是画押。这篇"酒誓"堪称陶渊明《止酒》诗的民国版。陶渊明的"始觉止为善，今朝真止矣"，也就是钱玄同"当天发誓，绝对戒酒"的意思。

上世纪二十年代的北大校园内，别看教授们个个学问一肚子，好酒之徒却不在少数。仅周作人忆旧文章里就记载了好几位"先生小酒人"，喝得脸红红地去上课更是寻常事。其中一位叫冯汉叔的老先生也爱酒，周作人说他"喜欢下棋和喝酒，看他的样子从早到晚都是醉醺醺的，说起话来也多是胡里胡涂，似乎不大清醒"。有一次鲁迅在路上遇见冯汉叔，只见他特别停下小车，从皮包里取出20元钞票来，说是前天输给鲁迅的，鲁迅说你并没有输钱给我，他这才恍然醒悟。估计老先生酒又喝高了。又一次，1928 年左右，老先生离开东北大学重回北京教书，有旧同事在公园碰见他，问他今年回北大吗，答说不，又问去北师大吗，或者上别处吗，都说不，那么预备怎样呢？他正正经经地回答道："我预备喝酒。"

老先生尽管喝酒会犯糊涂，"若是一脚踏上了讲台，即使他还是那么醉醺醺的，对于数学上的任何问题都能讲得清做得出，学生无不觉得奇怪"。也别看老先生沉迷于酒，却是中国走出国门去接触现代数学的第一人，多次担任北大数学系主任，是中国现代数学教育的早期代表人物之一。

在老北大中，提到喝酒，一定不能忘了这位"脾气乖僻，和他的学问成正比例"（周作人语）的国学大师黄侃。黄侃几乎每顿必饮，而且酒量巨大，半斤以上。酒后则口出狂言，有时则和同桌的学生大谈学问，他的学生陆宗达，就在饭桌上聆听到许多真知灼见，受益终生。但有趣的是，嗜酒如命的黄侃居然会劝人要节制饮酒。周作人回忆，北大著名经史学家、国学大师林公铎也爱喝酒，有一阶段，也许是黄酒涨价了，也许是学校欠薪，林公铎只能喝那种廉价的劣质酒，聊胜于无。黄侃得知后，深不以为然，曾当面批评和忠告林公铎："这是你自己在作死了！"黄侃忘了他自己在餐桌上也是来者不拒的，不管什么酒，通通灌进肚子里。据黄津琥考证，《黄侃日记》中提到的酒，就有黄酒、劣酒、茅台酒、白兰地、糟醴、麦酒、"皮酒"。至于"大醉""醉甚""醉卧"等的记录，就更多了。黄侃 50 岁便英年早逝，主因也是饮酒过度。

即便一向平和理性的胡适，有时也不改少年时的好酒毛病。梁实秋在《胡适先生二三事》中忆及，胡先生酒量不大，却颇喜欢喝酒。有一次胡适的朋友结婚，请他证婚，筵席只预备了两桌，礼毕入席，每桌只备酒一壶，很快酒壶就空了。胡适大呼添酒，侍者表示为难。主人连忙解释，说新娘是"节酒会"的会员，不可多饮。胡适二话不说，从怀里掏出现洋一元交付侍者，说："不干新郎新娘的事，这是我们几个朋友今天高兴，要再喝几杯。赶快拿酒来。"主人无可奈何，只好添酒。胡适交游广，应酬多，几乎日日有人邀饮。有时，实在应付不过，他会从袋里摸出一只大金指环给大家传观，上面刻着"戒酒"二字，是胡太太送给他的。胡适这招，与钱玄同那一纸《酒誓》有异曲同工之效，却方便多了，也管用多了。

想当年，校长蔡元培在北大发起"进德会"，倡导"三不主义"：不嫖，不赌，不纳妾；后又加上不做官，不吸烟，不饮酒。其中不喝酒一项，我想，响应且能践行的人恐怕不会很多。

也是上世纪二十年代，有一次，田汉与四个朋友进餐，见某君滴酒不沾，田汉大为诧异，叫道："哪有文人不饮酒的呢？"这话倒说得实在。

2015.01

"贾宝玉精神"

上世纪三十年代，台湾历史学家吴相湘先生就读于北大历史系，系里名师荟萃，各怀绝技：钱穆一人包讲"中国通史"，上课时激情澎湃，"用全身热和力来口讲手写"，以至无论冬夏，总不时用手帕拭汗；大教室里，两三百人拥挤一堂，大家静静地听讲做笔记，钱穆声振屋瓦，可见课堂之盛况。傅斯年讲课如万马奔腾，上下古今，纵横千里。而时任文学院院长的胡适，上课则别具风格：深入浅出，条理明晰，偶尔穿插一两句恰到好处的幽默语，使学生格外轻松。

吴宓雕像

吴相湘在回忆中特别提到胡适上课过程的一个细节："下午上课时，教室里有太阳西晒，胡先生常自动走下讲坛，放下窗帘，并说：女同学们是不应该多晒太阳的。"

读到这几句话，我头脑里浮起胡适那清澈而温存的微笑。

在民国教授群体中，还有另一位特别懂得怜香惜玉的大人物——吴宓。如果在民国时代，找一位最像又最不像贾宝玉的教授，我首推吴宓。说最不像，是因为吴宓人高马大、满脸胡子茬，跟生长在富贵温柔乡里的公子哥扯不上边；说最像，是指吴宓对女性体贴有加这一方面，加上他还是个大名鼎鼎的红学家。

《吴宓日记续编》

有趣的是，吴宓在日记里，曾把与自己关系密切的几个女性比作不同的饮料，有的如白开水，有的如酒，有的如仙露，有的如茶。不管把女人比作何种饮料，跟宝玉"女人是水做的"的论调差不多。

著名翻译家许渊冲在《逝水年华》一书里说，吴宓有时过于严肃认真，为了一点小事，就把学生批评一顿，有时又过分的"一丝不苟"，比如在排座位方面，西南联大的学生上课，从来没有排座次一说，只有他的"欧洲文学史"是例外。并且吴宓有所偏待，把北大、清华、南开的学生安排坐前排。不过，吴宓也有"网开一面"的时候，比如学生赵瑞蕻（后来成为作家和翻译家）坐在第一排，赵的未婚

《吴宓诗集》

妻杨苡（后来翻译出版了《呼啸山庄》）按学号应坐在后面，吴宓却成人之美，照顾她，让她坐在赵的旁边。为此，许渊冲风趣地称吴宓的做法"是古典主义和浪漫主义相结合"。

关于吴宓的怜香惜玉，对此有最生动记述的要算汪曾祺。吴宓在西南联大是西语系的教授。他开的两门课"中西诗之比较"和"红楼梦"却向全校学生开放，人人都可以选读或自由旁听。"红楼梦"课格外"叫座"，听课者如云，状况大概跟北大钱穆讲课时一样，所不同的是，吴宓的女粉丝尤其多。

有一回，吴宓走进教室，看到有些女生站着，马上转身而出，"咚咚

咚"往隔壁教室搬椅子。联大教室的椅子是可以搬来搬去的。吴宓这一骑士行为，惊醒了听课的男生们，大家也急忙蜂拥出门去搬椅子。等到所有女生都坐定，吴宓才开讲。汪曾祺写道："吴先生讲课内容如何，不得而知。但是他的行动，很能体现'贾宝玉精神'。"

好个"贾宝玉精神"！少了这份怜香惜玉的精神，吴宓的"红楼梦"课大概会少了些魅力吧。

2016.05

"真公子"张伯驹

网上见中华书局的《回忆张伯驹》一书，编者为"张伯驹潘素文献整理编辑委员会"，便不假思索地订购了。拿到书一翻，我以为必会选入其中的两篇文章竟然不在，不免有些失望。

张伯驹先生是民国四大公子之一（另三位是张学良、溥桐、袁克文），时人称他有"三痴"：一鉴定古文物字画，二写诗词作画，三对戏剧痴迷。另外，张伯驹最让人们津津乐道的，莫过于他把价值连城的八件珍品捐献给北京故宫博物院，成为故宫的"镇宫之宝"。张伯驹用行动践行了自己的话："予所收藏，不必终予身，为予有。但使永存吾土，世传有序。"

这些事迹，在《回忆张伯驹》书中尽有体现。张伯驹的爱人潘素、女儿、女婿，以及亲朋门生，都在书中留有文字。

然而，我在未收入书中的两篇文章（黄永玉的《大家张伯驹先生印象》与章诒和的《君子之交——张伯驹夫妇与我父母交往之叠影》）里，读到了"另一个"张伯驹。

黄永玉在张伯驹逝世前半个月曾邂逅他。那是 1982 年的某日，黄永玉一家到北京西郊莫斯科餐厅用餐，忽见张伯驹独自蹒

张伯驹照片

跚进来，默默找了个角落坐下，点了非常便宜的红菜汤、面包果酱和小碟黄油。吃完，张伯驹把抹上果酱和黄油的几片面包，细心地用小手巾包裹好，缓缓离去。张伯驹打包回去的面包是给夫人潘素的。大概，热闹的餐厅里除了黄永玉，没有谁知道身边这位孤寂索寞的老人，就是大名鼎鼎的张伯驹吧。难怪黄永玉在张伯驹走出餐厅后，特别叮嘱身边的小儿女：张先生一生喜爱人间美好事物，尝尽世上甜酸苦辣，富不骄，贫能安，临危不惧，见辱不惊，如今居然喝此蹩脚的红菜汤，真乃大忍人也。

"富不骄，贫能安"，确能概括张伯驹之为人。想当初，张伯驹住的是深院大宅（清末大太监李莲英的旧居），吃的是海味山珍，后来宝物——捐献出去，被遣送到吉林农村插队，几年后返回北京，竟落得一无户口，二无职业，连粮票都靠亲友资助。但张伯驹依然故我，不怨天不尤人，仿佛他生活在另一个时空里，早已超越了凡尘世俗。

当他被打成"右派"后，曾为中国民主同盟副主席的章伯钧先生问他："为什么你捐献了那么多有价值的文物，居然在政治上没有起到作用？"张伯驹摆摆手，打断了章伯钧的话头："章先生，你不必向我讲这些话。你是个懂政治的人，都成了'右派'。那么，我这个不懂政治的人划成'右派'，也就不足为怪。再说，'右派'帽子对你可能是要紧的，因为你以政治为业；这顶帽子对我并不怎么要紧，我是个散淡之人，生活是琴棋书画。共产党用我，我是这样。共产党不用我，我也是这样。"

章伯钧听后，跷起大拇指，赞道："张先生，真公子也！"

有人还劝张伯驹上书毛泽东（张伯驹曾把珍藏的李白真迹《上阳台帖》捐献给毛泽东），张伯驹婉言拒绝了。

但这些还不是张伯驹的全部。

据章诒和回忆，"文革"期间，章诒和的父亲章伯钧被打成"右派"，不久含冤去世。之后，章家搬离豪宅，住进两居一套的单元房，门庭冷落，清静之极。有一天下午，章诒和的母亲独自在家，忽然听得敲门声，大惊，以为造反派又找上门来打砸抢。战战兢兢地把门打开，一看，居然是张伯驹夫妇。此时张伯驹白发满头，一双布鞋，沾满泥和土。为了看望章家，他们从地安门到建国门，走路过来的。这是章伯钧死后，在众多"上上下下亲亲疏疏远远近近的亲朋好友"中，敢登门吊慰死者与生者的第一人。而当时的张伯驹夫妇刚从吉林回到北京，有不时受红卫兵抄家的冲击，日子非常难过。

在《君子之交》一文中，章诒和写道："中国以往的各种政治运动，其吞没与消化'人'的程度，因人的硬度而不等。当然知识分子往往是其中最难消化的部分。张伯驹自然属于最难消化的一类人，而他的硬度则来自那优游态度、闲逸情调、仗义作风、散淡精神所合成的饱满个性与独立意志。张伯驹的一生见过许许多多的昂贵之物。而我所见到的昂贵之物，就是张伯驹的一颗心，一颗充满人类普通情感和自由的心。"

张伯驹画

张伯驹书法

2013.12

叶圣陶两次"被冒名"

闲来翻书，读到两起有关叶圣陶"被冒名"发表文章的旧事。

朱东润先生是众所周知的古典文学专家，他的《中国历代文学作品选》长期作为高校中文系学生的必读教材，影响甚深。但许多人不知道朱东润还是非常优秀的传记文学作家，被誉为"中国现代传记文学的拓荒者"。他九十岁开始做《元好问传》的写作准备，并招收传记文学博士研究生，堪称史无前例。朱先生最有名的传记文学作品是《张居正大传》，这部书写于1941年。出版当年，叶圣陶为此书写了书评，向读者推介。这件事属于"天知地知你知我知"，直至40年后，叶圣陶先生才"抖出"真相，原来这篇书评是朱东润亲自操刀的，发表时借了叶圣陶的大名。两人是好朋友，叶圣陶代朋友做宣传，利人而不损己，也在情理之中。这是第一次"被冒名"。

第二次"被冒名"则比较具有戏剧性。事情发生在上世纪的五十年代。那是个荒谬的时代。1951年，《人民日报》要连载汉语语法知识，以便提供给报刊编辑以及一般干部参考。时任中央宣传部副部长的胡乔木是此事的发起者，他找到叶圣陶，叶圣陶又推荐吕叔湘。这就有了著名的《语法修辞讲话》一书的诞生。因为出版此书，吕叔湘被调到语言研究所，从事语法研究，同时兼人民教育出版社副总编辑（叶圣陶是社长），负责语文课本的编辑工作。

《语法修辞讲话》的发表，对吕叔湘来说是福也是祸。起初吕叔湘受邀到全国各地做报告，不时接到众多"粉丝"的来信，曾引起一阵"语法热"，甚至在这本书的带动下，短短一两年内全国就出版了十来种语法书。这在中国出版业不甚发达的五十年代初期，堪称奇事一桩。可是时代气候如翻云覆雨手，没几年，有一天吕叔湘忽然接到叶圣陶的电话，说上面某领导做出指示，要写一篇批判《语法修辞讲话》的大文章，还专点名要叶圣陶写。叶圣陶感到万分为难，就在电话里对吕叔湘说，这篇文章他写不来，"解铃还是系铃人，还是请你勉为其难吧。署名当然还是署我的名字"。

叶圣陶的交代却让吕叔湘大为犯难了：让自己批判自己的书，这可一点也不好玩，况且，还根本不是"玩"，背后有政治任务，分寸拿捏不好，轻者过不了关，重者殃及自身。好在吕叔湘不愧是语言学家，多少也经历过一些"运动"，对如何发言才算"得体"积累了一定的经验，对付起来不至于太难。"磨刀霍霍"一个星期，这篇一千多字的文章终于以叶圣陶的名义在《人民日报》刊登出来。曾几何时，《人民日报》大张旗鼓连载《语法修辞讲座》，让吕叔湘名扬天下，一转眼，却调转矛头大肆批判《语法修辞讲座》。历史的吊诡莫过于此。

后一件事，见诸吕叔湘晚年写的文章《回忆叶圣陶》。文中，吕叔湘的叙事波澜不惊，仿佛在讲述一件琐事，文字平平淡淡，读不出作者当年的心境。

至于前后两次"被冒名"，应该说，叶圣陶都是心甘情愿的，前者纯粹出于友情，成人之美，后者却是为客观环境所决定，心甘情愿中，一定夹杂些许无奈和悲伤。

行文至此，我无端想起吕叔湘对叶圣陶的第一印象："跟我想象中的'文学家'的形象全不一样：一件旧棉袍，一把油纸伞，说话慢言细语，像一位老塾师。"

大学者的涂鸦

　　每次打开《周作人致松枝茂夫手札》，都不知不觉陶醉在那一行行迷人的手迹中。不过，周作人对自己的字并不满意，自称在北大文科教员中，书信写得潦草的人，他排名第二。这当然是自谦，但从中可看出，那一代学人总体的书法水准。

　　话说回来，也有些学者——而且不乏大学者——的字令人不敢恭维。

　　在老北大文科教员中，写字潦草排第一的人是刘师培（字申叔），著名的国学大师。刘师培早年在日本时，学问与章太炎（字枚叔）齐名，两人并称为"二叔"。可是，刘大师学问虽高，字写得却令人恐怖，周作人这样回忆同事刘师培："写起文章来，真是'下笔千言'，细注引证，头头是道，没有做不好的文章，可是字却写得实在可怕，几乎像小孩子的描红似的，而且不讲笔顺，……例如'永'字，叫道：'点、横、竖、钩、挑、劈、剔、捺。'他却是全不管这些个，只看方便，有可以连写之处，就一直连起来，所以简直不成字样。"一个人写字不讲笔顺，笔画随意连，这简直等于"画符"了。

　　著名作家、学者郑振铎在暨南大学教书时，长发，西装，风度翩翩，一表人才，加上学贯中西，上课不时会冒出新鲜而独到的史料和史观，深受学生欢迎。可惜，郑先生的字，同样糟糕极了。他的黑板字，又粗又大，歪歪斜斜，非常幼稚。当时《万象》新年号，有一位校对编辑，在谈到作家书法时，就提到郑振铎的字，他写道："郑振铎的笔子极粗，字形极大，无论你格子怎样大，他的字老是藏不进格子里，有一半要铺出在格子外。再加以添注涂改得极厉害，'满纸涂鸦'，正好作他的稿子的考语。我们籀读他的文章，可真费力，不要说排字人见了头痛，就是我们校对人见了何尝不头痛啊！"更遗憾的是，这位人高马大、博学潇洒的涂鸦高手，偏偏不晓得藏拙，上课时格外喜欢板书。于是每次下课，黑板上总是给他涂满了又粗又大的歪斜字，堪称奇观。

另一位涂鸦高手是大名鼎鼎的柳亚子先生。柳亚子是个"白白胖胖的文士，口吃，谈吐却很温文尔雅"（曹聚仁语）。因为口吃，自号"亚子"，即"哑子"。柳亚子不仅口吃，写字也十分潦草。据说，有人曾把柳亚子信中不识的字，剪下后给柳亚子本人辨认，柳亚子果真认不出来。我见过柳亚子的手稿（影印），有的是书信，有的是书稿，字体飘逸而不失刚健，但每个字写得龙飞凤舞，颇有伟大领袖的风格。好在，柳亚子对自己的"天书"颇有自知之明，这一点，似乎比一站上讲台，就在黑板上大刀阔斧冲冲杀杀的郑振铎要强一些。他在写给友人柳非杞的信中老实承认："我写字的毛病，就是太快。倘然把字一个一个地剪碎了，连我自己也会不认得的，这如何要得呢？有书画家楼辛壶批评我，说我的字是'意到笔不到'，此语我极佩服。但写时总是贪懒、贪快，不能痛改也。"又一次，柳亚子写了一封信给曹聚仁和张天放，信的末尾特地交代："你们读不懂的话，隔天见了面，我再读给你们听。"由此，也可见柳亚子的率真。

碰巧的是，我翻阅《柳亚子文集·书信辑录》一书时，发现柳亚子1951年2月7日写给郑振铎的一封信，介绍一位亡友的儿子去拜访郑振铎。此前不久，郑振铎也有书信寄柳亚子。两位"涂鸦高手"之间鸿雁往返，应该能欣赏彼此的"龙飞凤舞"吧。

刘再复从小就极崇拜作曲家、小提琴家马思聪先生。有一次，刘再复得到马思聪夫人从美国寄赠的两份马思聪生前留下的乐谱手稿，如获至宝，把它镶进镜框，挂于墙上。从此，刘再复在写作之前，抬头看见这些线谱，就觉得那一丝一线都在呼唤着自己的生命和笔。

如有机会获得类似的手稿，我也会镶挂于书房。哪怕他的字，就是一种涂鸦。

2015.01

民国名家与胡子

《古人的胡子》是沈从文先生几种论文的杂烩，有谈文学艺术的，也有谈古代器物和文物图案的。其中一篇谈中国古人胡子的文章妙趣横生。据沈从文考证，古人其实没有蓄胡子的传统，所谓"美须髯"，除了被当成男性英武的标志外，并无更多的寄托。

到了近现代，蓄胡子的风气似有崛起之势。别的不说，西南联大不少教授下巴底下就长着一口胡子。作家汪曾祺那篇妙笔生花的《修髯飘飘》，对几位教授的胡子做了俏皮的刻画。

"闻先生的胡子不是络腮胡子，只下巴下长髯一绺，但上髭浓黑，衬出他的轮廓分明，稍稍扁阔的嘴巴，显得潇洒而又坚毅。"寥寥几笔，形神兼备。关于闻一多的胡子，还有一个大家耳熟能详的故事：闻一多抗战前是没有胡子的，后来从长沙步行到昆明，一路上顾不上刮了，刚好同行的李继侗教授，也留起了胡子。最后两人相约"为抗战留起这个胡子，不到抗战胜利，咱们不刮这个胡子"。这就是"抗战不胜，誓不剃须"名言的来历。

在汪曾祺看来，冯友兰先生的胡子就没什么特色了，只是比一般人的胡子黑一些而已。我见过晚年冯友兰的照片，黑胡子已成了白胡子，但花白的胡子，跟他整张脸型以及作为大哲学家的身份十分般配。冯友兰的胡子和抗战无关，他的女儿宗璞说，父亲是因为右手受伤了，不能刮胡子才留下的。后来顺其自然，"长成一个大胡子，也算是抗战的一个纪念吧，就没有再剃，就留着胡子了"。

文字学家唐兰先生也有胡子。也许因为不方便或者图省几个钱，唐先生一年只理两次发，胡子便与头发齐长了。唐先生胡子的特色在于有点鬅。

总之，说起西南联大几位教授的胡子，多少还有点"沉重"，飘逸不起来。这也难怪，国难当头，国仇家恨，区区胡子岂能独善？

前不久，读郑逸梅先生的《世说人语》，也提到胡子——丰子恺的胡子。"文革"期间，传闻丰子恺自杀了。那个昏暗的年头，谁自杀都是寻常事。朋友P君立马赶往丰子恺住处，紧张地推门进去，却见老人家正独自浅斟细酌呢，方知是讹传。但丰子恺的胡子明显断了一截。看到朋友惊讶的神情，丰子恺满不在乎地说："这有什么要紧。野火烧不尽，春风吹又生。"两人相顾而笑。原来，某一天，造反派发现丰子恺做了两幅用以测验儿童智力的画。这两幅画都题了字，一张题着"东方有个红太阳，西方有个绿太阳"，一张题着"我抱爸爸去买糖"。造反派批斗丰子恺，说他"颠倒是非，故意讽刺伟大领袖"。这天，丰子恺刚好患感冒，听后忍不住打了一个喷嚏。造反派又发现新"敌情"，指责丰子恺的打喷嚏是"破坏严肃空气"，当即拿出剪刀，剪去丰子恺的一截胡子，以示惩戒。总算很幸运，丢了一截胡子，却也免去皮肉之苦。胡子倘若有知，估计也乐意代为受过的。

看来看去，民国那一群名人中，还是梁漱溟和熊希龄两人与胡子的故事，较有喜剧色彩。

梁漱溟中年丧偶，好心人建议他续弦，遭到拒绝。后来梁漱溟又改变了初衷。1943年，他从香港避难逃到桂林，经人介绍，与陈淑芬结婚。陈小姐是个老处女，毕业于北大。这时候的梁漱溟刚好50岁。于是桂林流传起一个段子：梁漱溟爱上了老处女陈淑芬，为了在新妻面前显得更有男性的阳刚美，同时增添几分哲学家的风采，居然开始留胡子了。此事不知是否属实，但以梁漱溟一向敢想敢为、特立独行的作风看，大概有其事。不过，为爱而蓄胡子，怎么了？

而当过国民政府总理的熊希龄，对待胡子的果敢态度更让人敬佩。正常情形下，对于已成功留了一大片胡子的人来说，胡子是宝贝，轻易割舍不得。但熊希龄不在此列。66岁时，熊希龄终于追上了小他30岁的大才女毛彦文，为了在美人面前显年轻些，熊希龄挥刀剃掉陪伴自己多年的胡子。年过花甲的老者，从此只留下一个光溜溜的下巴。

爱江山更爱美人。要留则留，当断就断。在所有留胡子的民国大人物中，梁漱溟、熊希龄是潇洒的。

2015.01

大师的送客

送客是日常迎来送往的礼数。虽属于举手投足的小节，但不经意间的举止，能折射主人的性情与涵养。

北大教授、著名学者吴小如在《梁漱溟先生的高风亮节》一文中谈到梁漱溟先生如何对待晚学后进的两件琐事。第一件事，有位知名度不高的画家曾虚心向梁老求教过，后来画家举办画展开幕式，梁老竟不辞年事已高，坐着轮椅亲自参加。第二件事，吴小如最初是通过大学者袁鸿寿先生的介绍而认识梁漱溟的。当时，袁鸿寿、吴小如以及吴小如的一个学生，一行三人常去梁漱溟府上。论年龄，论学问，三人都算梁漱溟的学生辈。但他们每次或分别或联袂去拜访梁漱溟，老人必定亲自把他们送到大门口，礼节一丝不苟，看不出任何的虚伪和敷衍。相比较，吴小如曾拜访过某位大名鼎鼎的人物，他也送吴小如出门，可就在吴小如向他躬身致意时，他已掉头入内，等吴小如抬起头来，他早已把脊背朝着吴小如，随即"砰"的一声关上大门。吴小如说，如此送客方式无异于逐客。

二十世纪五十年代初，张中行跟大书法家、社会活动家叶恭绰老先生交往。叶恭绰在民国时期，历任路政司司长、交通部长、铁道部长等政府要职，礼节上就脱不了当年浸染过的某些官僚做派。张中行去拜访他时，应门的老仆人照例要问："您怎么称呼？"张中行通了名后，老仆人不说主人在不在家，只说"我给您看看"。进去问过之后，再到门口，请张中行进去。这来回折腾，倒不是有意要刁难客人，或想拒人于千里之外，而是一套"常礼"，是一种必要的矜持，也可以说是主人社会地位的某种象征。当然这也无可厚非。但有些人就不玩这一套，比如叶圣陶，虽然他也当过教育部副部长；比如季羡林，虽然他是大师级人物，又是堂堂的北大副校长。

张中行与叶圣陶曾同在人民教育出版社工作。平时，张中行有事没事常到东四北八条的寓所拜访身为社长的叶老。离开时，叶老一定要亲自远送——"走过三道门，四道台阶，送到大门外"。临别，叶老鞠躬，连说"谢谢"，看着客人上路才转身回去。到叶老晚年，张中行和朋友去看望，叶老不能起床了，告辞时，叶老伸出两手打拱，照样连说"谢谢"。

二十世纪九十年代初，中国人民大学出版了一套小品文，季羡林和张中行的书都在其中。有家书店跟风赶时髦，进了一批书，也搞"签名本"活动。这书店，是张中行一个学生的儿子经营的，张中行义不容辞地签了字。末了，书店的人请求张中行引荐他去季羡林的家求签字，因为在书店老板眼里，季羡林的名位太高了，不敢贸然求见。君子成人之美，张中行便拿了十来本书，带着书店的人来到季羡林家。张中行事先交代书店的人在门外等候，不要轻举妄动。扣了门，小保姆打开门，张中行问："季先生在家吗？"小保姆不假思索回答"进来吧"，便领着张中行往房间的里间走，到了一扇敞开的大门前，小保姆用手一指，说："不就在这里吗！"张中行看见季羡林立着，正同对面坐在床沿的季夫人说话，那个站立的姿态，是旧时代仆人对待主人的样子，"距离世间的常礼太远"。这让张中行暗暗惊叹。

了解来意后，季羡林当即表示："这是好事。那屋有笔，到那里签吧。"季羡林一边签名，一边说："卖我们的书，这可得谢谢。"签完，张中行不敢耽搁，因为惦记着门外还有书店的人在等着消息。季羡林听说了，随着就跑出来，握住来人的手，连声道谢。书店的人是师范大学历史系毕业的，也接触过不少教授、学者，但哪见过如此独特的大人物——人家求他签字，他还向求人的人致谢，一时手足无措，径自抱起书一溜烟跑了。

张中行在这篇回忆文章的末尾说，季羡林身上具有三种难能可贵的品质：一是学问精深，二是为人朴厚，三是有深情。而"三种难能之中，我以为，最难能的还是朴厚，因为，在我见过的诸多知名学者（包括已作古的）中，像他这样的就难于找到第二位"。

我想，按照张中行的标准，梁漱溟先生应该也配得上"朴厚"二字。

2015.03

傅斯年赠书

与季羡林、张中行、邓广铭一起被称为"未名四老"的金克木先生，是自学成才的范例，一生充满传奇色彩。在他人生的关键点——从当个普通的教书匠到迈上学术研究之路，傅斯年先生的"霸道"作风起到了决定性的作用。

1939 年，年轻的金克木在湖南大学教法文，暑假去昆明，顺便拜访了曾在北京认识的罗常培先生。临别，罗常培交给金克木一张名片，引荐他去拜见大名鼎鼎的傅斯年。当时的傅斯年任中央研究院历史语言研究所的所长，就住在昆明的乡下。

在一所大庙式的简陋旧房子里，金克木见到傅斯年。出乎金克木意外的是，叼着烟斗的傅斯年一点名人的架子也没有，甚至不问见面的缘由，劈头第一句就是："历史是个大杂货摊子。"之后开始批评国内没有一个研究"西洋史"的人。金克木不同意，提出某个人来反驳。傅斯年听完，一边"叭嗒"着已熄火了的烟斗，不屑道："那是教书，不是研究！"傅斯年对"研究"的理解是：一个人如果不懂希腊文，不看原始资料，就不配研究希腊史。

傅斯年突然问金克木，学不学希腊文？他

傅斯年像

有一套用德文教希腊文的书，一共三部，可以送给金克木。金克木谢绝了，因为惦记着自己的德文水平不够。

傅斯年继续发挥说，中国人不研究外国语言和历史，不懂得世界，行不通。谈话中，傅斯年再次提起要送那套学希腊文的德文书给金克木。金克木这次不好意思直接拒绝，便婉转说自己正在读吉本的罗马史。傅斯年仍固执地劝金克木还是学希腊文最好。

此时，躲在一旁专心办事的考古学家李济先生也凑过来聊天。傅斯年趁此走回里屋，随即出来，递给金克木一本书，说："送你这一本吧。"这不是学希腊文的德文书，是恺撒著的一本有英文注解的拉丁文《高卢战记》。看来，不学希腊文，就得学拉丁文，反正非学一种不可。金克木一见傅斯年这架势，估计逃不了了，只好硬着头皮先接受下来。

回到寓所，金克木翻书一读竟然被迷住了，一句一句啃下去，以至欲罢不能。每读完一段落，金克木就写信给傅斯年，汇报自己所读的收获。傅斯年面对这个好学年轻人的信，丝毫不怠慢，一一认真做了回复。因为这本《高卢战记》的引领，金克木开始跳出一心向往的"文学梦"，逐渐走进学术研究的大门。几十年后，这本《高卢战记》依然保存在晚年金克木的书架上，每每看到这旧书，傅斯年的"胖子的形象又出现在眼前，叭嗒着那不冒烟的烟斗，没有表情。"金克木在回忆录中写道。

可以说，"霸道"的傅斯年，成全了一个学术大家。

和金克木先生一样精通梵文、巴利文和佛学，同为"未名四老"之一的季羡林先生也有过类似"遭遇"。

季羡林 1935 年至 1945 年在德国哥廷根大学留学期间，遇到两位重要的教授，其一是担任哥廷根大学印度学讲座教授的瓦尔特·施米特先生。季羡林是唯一一个选修梵文的外国学生，其中前两学期，还是唯一一个选梵文的学生。可瓦尔特·施米特先生照教不误，而且备课、讲课一丝不苟。二战全面爆发，瓦尔特·施米特先生应征入伍。于是，年逾八旬的原印度学讲座教授西克先生毅然接着承担起这个任务，此时选修梵文的就只剩下季羡林一个学生。

不久，西克先生向季羡林宣布一个决定，他要把自己平生所学全部传授给季羡林，包括他用了 20 年才解读出来的吐火罗文。西克先生是当时世界研究吐火罗文的最高权威。对此，季羡林就像当年的金克木一样，感到很为难，但是，西克先生连一点回旋余地都不留，季羡林只能学，不能拒绝。季羡林在《留德十年》一书中写道："像我的祖父一般的西克先生，告诉我这是他的决定，一点征求的意思都没有。"事已至此，季羡林只好老老实实跟随这位祖父级的西克先生学习极其古奥复杂的吐火罗文字，从而在学术上打开另一扇大门，使他后来成为世界上仅有的精于此语言的几位学者之一。

如今的大学，像傅斯年与西克在学问上如此"霸道""独断"的学者，不知还有没有。在中小学里，我常遇见这类教师。不过，他们硬塞给学生的是另一些东西。

2014.01

钱穆的无奈

民国大家中，如钱穆这般对教师职业一往情深的人极少。钱穆自 18 岁起当乡村小学老师，10 年半后转当中学老师，又 8 年，在顾颉刚的推荐下，北上燕京大学，从此登上大学讲坛。1949 年，钱穆离开大陆赴香港，在兵荒马乱之际，首选的仍是办教育，当教书匠。

在漫长的教职生涯里，钱穆也像常人一样，碰上各种问题。1930 年秋，钱穆刚到燕京大学，遭遇的"两三件琐事"，却成了他的"大问题"，以至最终选择离开燕大。

其一是考试评分。燕大规定，新生月考不及格，必须退学。而初来乍到的钱穆不知其情，仍按照在中小学教书时的老习惯，一般最高分数不过 80 分，最低不少于 50 分，并且照例有几个人不及格。等到有学生告知他学校的规定后，钱穆立即赶往学校办公室说明情况，要求拿回考卷重新评分，理由是，自己不知道校方的规定，况且有些学生不远千里来京求学，仅过一个月就让他们退学，于情于理都不通。经过艰苦的力争，校方最终答应了钱穆的要求。虽然没有一个学生被退学，但事后，钱穆仍然感到不安，他开始认识到：学校是一主人，自己仅一客人，虽然负责学校的司徒雷登先生很尊重教师，但宾终归是不能夺主的。于是，钱穆进一步认识到："职业与私生活大不同"，自己应当"于职业外自求生活"，而在大学里，唯一的办法是，自己学业上努力，上好课，"其他校事尽可不问"，更不可兼行政事务，这样才能让职业与生活不相冲突。自此以后，钱穆在大学任教，"专谈学术，少涉人事"。

比较之前钱穆的从教经历就能理解，他对大学的这种不适应感。不管是在三兼小学、鸿模小学，还是梅村小学、后宅第一小学，学生不过百人，教师数人，"师生相聚，亲如一家"。尤其在后宅第一小学，师生大多寄宿在学校，更是亲密无间，这段日子，钱穆最感开心，感到"团体即如家庭，职业即是人生"。后来去集美和苏州中学，情况跟在小学比，也差不了许多，大家朝夕相处，"团体小，投其中，不觉是一客，仍如一大家庭"。到了大学，校园大，人多口杂，学校已跟一大家庭毫无可比性，那种主人翁的感觉，自然荡然无存了。

有意思的是，晚年的钱穆仍保留年轻时的看法："教大学有时感到不如教中学，教中学又有时感到不如教小学。"然而，人生的吊诡之处在于，钱穆教学之路，走的恰恰是相反的方向，这就难怪乎他一再感叹了。不过，倘若时间可穿越，见到今天神州处处涌现出的超级中学、超级小学，钱穆是否还有此无奈？他会不会想逃去教幼儿园？

在燕京大学，钱穆还发现一个让他不舒服的现象。燕大是二十世纪初由四所美国及英国基督教教会联合开办的大学。校园的建筑群在外观上尽量模仿中国古典建筑，但各建筑物是以美国捐款人的姓名来命名的。比如"M"楼、"S"楼、"贝公"楼。虽经钱穆建议，司徒雷登很快把"M"楼、"S"楼、"贝公"楼等分别改为穆楼、适楼、办公楼等，但在钱穆看来，这种改动不过是将字母翻译成中文而已，其实质还是"西方精神"，缺少中国味道。由此出发，钱穆引申到学校的更名问题。钱穆的老家无锡，有明代的东林书院，后来在旧址上建校，改名县里第二高等小学，改名后，传统的东林精神当然就渺不可得了。还有紫阳书院改成省立苏州中学，也遭遇一样的命运。面对当时全国性的西化洪流，一生对中国传统文化充满温情与敬意的钱穆再发感叹："此时代潮流，使人有无可奈何之感矣。"

不知钱穆是否知道，1949年后苏州市还有几所学校的原名——比如草堂中学、振华中学等——都改为苏州一中、苏州十中了。

扎米亚金小说《我们》中描写的"大统一王国"，国中的子民个个没有姓名，唯有编号。我猜，"大统一王国"中的学校，也是一中二中三中N中，或者A中B中C中了吧。

2016.06

启功的"恩"师

家境贫寒的启功，初中毕业后便无法继续升学。1933年，经人推介，受业于著名历史学家陈垣。不久，陈垣先生推荐启功到辅仁大学附属中学任国文教员。两年后，由于中学教员资格不够，启功被解聘了。时任辅仁大学校长的陈垣，欣赏这位年轻才俊，毅然安排他在辅仁大学教一年级的"国文"。

陈垣不仅解决了启功的职业问题，还悉心传授启功一些最简单也是最重要的"上课须知"：

1. 一个人站在讲台上要有一个样子。人脸是对立的，但感情不可对立。

2. 万不许讥诮学生，以鼓励夸奖为主。

3. 不要发脾气。

4. 教一课书要把这一课的各方面都预备到。要设想学生会问什么。

5. 不要总在讲台上，要到学生间走动，纠正他们的错字，也回头看看自己板书的效果如何。

陈垣还多次提醒启功：字写不好，学问再大，也不免艰涩，一个教师板书写得难看，学生先已看不起。

这些"上课须知"，称不上是什么教育理论，但对启功的启发和影响极大。尤其写字方面的一再提醒，对于督促和引导启功不断朝书法上发展，功不可没。据启功追忆，他早年写字也是比较随意的，更谈不上功力。一次，他在批改学生作业时，陈垣对他说："学生的字比你的字好，你怎么给学生批作业呀！"这句话给启功强烈的刺激，他从此发奋习字。

陈垣给启功最大的财富并非这些。抗战胜利后，辅仁大学某教授出任北平一局长，想从辅仁的教师中找一位帮手，以负责一个科室的业务。他看上了启功。启功向陈垣请教。陈垣问："你母亲愿意不愿意？"启功道："我母亲自己不懂得，教我请示老师。"陈垣问："你自己觉得怎样？"启功说："我'少无仕宦'。"陈垣乐了："既然你无宦情，我可以告诉你：学校送你的是聘书，你是教师，是宾客；衙门发给你的是委任状，你是属员，是官吏。"启功如醍醐灌顶，回家后立即写了封信，向某教授表示感谢，谢绝了他的好意。启功不放心，把信请陈垣过目。陈垣看后只说："值三十元。"那时的三十银元不是个小数目，但在启功眼里，这三十元不是银元，是金元。

随后读到何兆武先生一篇怀念历史学家向达教授的文章。说的是，有一次，向达和汤用彤先生闲聊，向达困惑地问："为什么人一做官就变坏了？"作为哲学家的汤用彤答道："不是人一做官就变坏了，而是人一变坏才去做官。"按照两位先生的观点，不管怎样，那时的启功差点"变坏"。

文中，何兆武先生接着说到1935年的一则旧闻：汪精卫被刺未遂，索性辞去国民党行政院院长一职，由蒋介石继任。刚上任的蒋介石自然想网罗一些知名学者到南京做官，包括时任北平地质调查所所长的翁文灏、历史学家蒋廷黻等。有位记者问北大的美籍教授葛立普对此事有何评论。葛立普表示不赞成翁文灏去当官，理由是："中国人能做官的太多了，能够做地质调查所所长的就只有 Dr. 翁一个人。"

如果套用葛立普的话到启功身上，便是：中国人能做官的太多了，少一个启功处长或司长不算什么，但称得上"启体"书画的人就启功一人。

难怪晚年的启功在回忆中说："恩师陈垣这个'恩'字，不是普通的恩惠之'恩'，而是再造我思想、知识的恩谊之'恩'！"为感谢陈垣先生对自己的培养并作永久纪念，1988 年 8 月启功义卖书法绘画作品，筹集基金 200 多万，为北师大设立了"励耘奖学基金"。

2014.02

沈从文鲜为人知的恩人

1936 年，沈从文在《从文小说习作选集》"代序"中写道："这样一本厚厚的书能够和你们见面，需要出版者的勇气，同时还有几个人，特别值得记忆，我也想向你们提提：徐志摩先生，胡适之先生，林宰平先生、郁达夫先生，陈伯通先生，杨今甫先生，丁西林先生，这十年来没有他们对我种种帮助和鼓励，这本集子的作品不会产生，不会存在。"这里提到的名人，像徐志摩、胡适、郁达夫等，对沈从文的帮助，众所周知。至于杨今甫和林宰平与沈从文的关系，了解的人或许不多。

1926 年，著名作家、北大教授杨今甫（杨振声）偶然发现了沈从文的才华，便推荐他去自己兼课的燕京大学深造，还托人专门为沈从文安排了一次面试，考试非常严格，采取口试的办法，结果沈从文未能答出任何一道题，吃了个大鸭蛋，最后燕京大学退还沈从文报考费 2 元。杨今甫很惋惜地问主考人："这样的学生你们都不要？"

1930 年，经蔡元培先生推荐，杨今甫出任青岛大学首任校长，便当机立断请沈从文到青岛大学当讲师（之前沈从文已在 1928 年迁居上海，被胡适聘到中国公学教写作课），还一起办《大公报·文艺副刊》、编教科书。当时的青岛大学名师荟萃，闻一多、梁实秋、李达、洪深、游国恩等著名学者都聚集于此。沈从文在青岛大学任教时，月薪一百元，完全足够生活了。但沈从文"管理生活"的能力实在太差劲，常常连工资多少也搞不清，"月光"是常有的事，有时半个月不到就已不名一文。据说，有一次，杨今甫家的佣人帮沈从文洗衣服时，发现了一张揉碎了的当票，原来沈从文把未婚妻张兆和的一只纪念戒指送当铺了。杨今甫赶紧预支给沈从文 50 元薪水，还幽默说："人家订婚都送给小姐戒指，哪有还没结婚，就当小姐的戒指之理。"几年后，杨今甫任西南联合大学常务委员会委员兼秘书长，还顶住各方压力，把没有任何文凭的沈从文，请上了西南联大的讲台。

1925 年 5 月 4 日的《晨报副刊》"五四纪念专号"，有一篇署名"唯刚"（即北大著名教授林宰平）的文章《大学与学生》，谈大学教育中存在的弊端、学生们的艰难生存。其中引了一段沈从文发表于 3 月 9 日《晨报副刊》的散文《遥夜》（署名休芸芸）后，说："……芸芸君听说是个学生，这一种学生生活，经他很曲折的深刻的传写出来——《遥夜》全文俱佳——实在能够感动人。"沈从文读到了这篇文章，回复了《致唯刚先生》一文，发表于《晨报副刊》，称自己并不是学生，不过是一个为生计所苦的流浪者，"只想把自己生命所走过的痕迹写到纸上"。林宰平知道后，通过报社获得沈从文的住处地址，亲自看望这位小青年，又请他到家里做客。为了解决沈从文的衣食问题，林宰平还请梁启超帮忙，把沈从文引荐给熊希龄，最后到香山慈幼院图书馆员当差。林宰平又向当时诗坛领袖人物徐志摩、陈西滢等人推荐了沈从文。这样，沈从文得以陆续结识了闻一多、丁西林、吴宓、胡适、凌叔华、叶公超、杨振声、朱光潜、林徽因等人，进入了一个以北大、清华为中心的文人圈子。同时，沈从文的文学才华得到展示的机会，作品开始较多地在刊物上出现。

对林宰平早年的提携、支持以及经济上的帮助，沈从文终身不忘。1946 年沈从文从西南联大复员，一回到北京立即打听林宰平的寓所，前往看望。当时还是个小字辈的吴小如也在场，见证了这次见面，从而与沈从文认识。此后，吴小如经常把写的文章呈请沈从文批改，每次，上面总布满沈从文用红笔增删涂改的墨迹，有时甚至粘贴各种资料，附上亲笔信，说明修改的理由。一次，沈从文还在闲聊中教给吴小如所谓

"沈从文体"的两个"诀窍"：一是文句中尽量少用"的"字，二是小说中主人公往往只有一男一女，并且只称"男人""女人"。这使吴小如受益终身。另据汪曾祺回忆，在西南联大时期，沈从文为学生修改文章、推荐发表，更是寻常事。老一辈学人之间这种鼓励、提携与相助，今天回望去，尤感可贵。

除了杨今甫和林宰平两位前辈，一些朋友给予沈从文的关心也不少。有一段时间，沈从文想学摄影，但因交不起学费，只能作罢；沈从文还曾考取了中法大学，同样原因不得不放弃。为帮助沈从文走出困境，当时现代评论派的几个人——丁西林、陈源等，年纪都比沈从文大，社会经验丰富，就热心教沈从文学英文，准备送他到剑桥大学深造，这样"我们才放心"。可是沈从文始终记不住26个英文字母，这个梦想也只能破灭。

这些珍贵的友情，在王亚蓉编的《沈从文晚年口述》中，亦有记录。每次读后，不胜心向往之。

2015.1.11

冰心眼中的好男人

上世纪八十年代念大学期间，我省吃俭用买了一套《梁实秋散文》，可惜经不起几次翻阅，书页纷纷脱落，只好束之高阁。最近，武汉出版社新出《梁实秋雅舍全集》，共六本，每本封面颜色不同，但简洁淡雅，像梁实秋先生的文字。捧着新书，如晤故人。

书中《方令孺其人》一文提到抗战时期，梁实秋住在重庆北碚的雅舍，恰与才女方令孺比邻而居。

一次冰心来访，大家欢聚雅舍。饭毕，冰心在梁实秋一本笔记上随性地题了字：

> 一个人应当像一朵花，不论男人或女人。花有色、香、味，人有才、情、趣，三者缺一，便不能做人家的要好朋友。我的朋友之中，男人中算实秋最像一朵花……

围在旁边的一帮男客人可不买账了，纷纷道：梁实秋最像一朵花，那我们都像什么，莫非都不够朋友？冰心让大家稍安勿躁，胸有成竹地续写：

> 虽然是一朵鸡冠花，培植尚未成功，实秋仍需努力！

大家看了才心平气和，皆大欢喜。

冰心当时率性题字，虽有酒后闹着玩的成分，但对梁实秋的评价还是中肯的。因为冰心与梁实秋交往久而深。他俩1923年留美时便认识，后来，又常有书信往来。难怪当天宴后，方令孺也在冰心的题字后，顺手加上几句，称梁实秋"虽外似倜傥而宅心忠厚"，并且"淡泊风流有类孟东野"，她最后认为，应该把梁实秋比作梨花更合适。

冰心对男性朋友的要求是比较苛刻的。在我印象中，能配得上如此高评价的人，除了梁实秋，就是巴金。上世纪八十年代李辉采访冰心，问："从你每次的谈话中，我发现你对作家的婚姻爱情变化要求很严肃。你好像说过，你对逝世的哪个朋友的个人生活有看法，就不会写文章纪念他。"

冰心坦率说："我就是这个样子。在爱情婚姻方面，朋友中我最佩服的就是巴金。除了巴金以外，我的朋友中没有人对婚姻看得那么严肃，那么慎重。……巴金一辈子很正直，不说假话，用情很专一。我认识的人中，有才、有情、有趣的都有，有的人只是有他自己的爱情，随意挥洒这种东西。巴金就从来没有这样。"

冰心和巴金认识也早，1933年就开始了。与巴金的这段漫长的友情，直到冰心去世，从未中断，不像与梁实秋，后半生因海峡的隔离，音讯全无，生死不明。冰心把巴金视为亲兄弟，巴金把冰心当成大姐。有一年，巴金过生日，冰心送一副对联给巴金，借用鲁迅写给瞿秋白的那句赠言："人生得一知己足矣，斯世当以同怀视之。"

"在同时代文人中，能够获得你这样的感慨的人，我想是为数不多的。"采访中，李辉对冰心说。

我想，梁实秋先生也有资格能够获得冰心的"这样的感慨"。

相比之下，冰心对另一位朋友徐志摩的评价，就是另一番情形了。徐志摩不幸空难后，冰心在给梁实秋的信中，表达了她的"心痛"和"怜惜"之后，同样用一个比喻来形容徐志摩，但不是花："志摩是蝴蝶，而不是蜜蜂，女人的好处就得不着，女儿的坏处就使他牺牲了。"

如此评价不管是否是偏见，我总觉得，这个比喻很巧妙。有人说，真正懂男人的不是男人，是女人。梁实秋尽管写了长长的一篇《男人》，文字也极具幽默风趣，但对男人的那份理解，似乎少了点什么。

2014.01

做小事的大人物

民国教育家刘百川先生，中师毕业，从小学教师做起，直到成为大学教授。刘百川的成名作《一个小学校长的日记》，详细记录了他在担任新民小学校长几个月间的所思所感所为。日记里所记录的无非一些学校里的寻常事，细细碎碎，但从中可见那一代先贤是如何做教育的。

教学楼的各个角落都放置着痰盂，这种现象即便在今天的校园里，恐怕也不多见。自然，这是微不足道的小事。但刘百川却做了，且做出"大文章"：他发现旧的痰盂是用洋铁做的，又摆在地上，脏了难于清洗，加上摆放的距离太远，吐痰时不容易吐进去，于是改为使用廉价的小盆，

北大红楼一角

外面套一个铁圈，放在柱子或墙角的地方，盆上盖上木盖。这还不够。连小盆离地板的高度，刘先生也考虑了，一尺五寸。这样一来，痰盂易脏又难吐进去的难题就全解决了。

日记中随处出现各种有趣的数字，这些数字最能体现教育的细节。比如，关于学生课桌椅的问题，刘百川认为，过去有些桌椅是连体的（上世纪八十年代末我上大学时，还坐过），设计很不合理，容易使儿童变成驼背，应把桌椅分开。同时，根据合理的标准（如桌椅高应当身长七分之三加一寸，椅高应当身长七分之二等等），重新整理，按照桌椅的高矮，分为六等乃至十二等。为避免桌椅散乱，将每一桌子和一椅子，都编上号码。桌椅的问题似乎解决了。不！桌椅的排放也不可随便，至少要根据以下的标准：

儿童桌位与黑板的距离　　八尺；

儿童桌位与后墙的距离　　二尺三寸；

最右一行与右墙的距离　　三尺；

最左一行与左墙的距离　　二尺；

桌位与左右的距离以能走人为度。

上述的数字，不是刘百川凭空想象出来的，而是以儿童的"合理使用"为原则。

又比如，关于黑板离地板的高度，刘百川根据不同年龄段学生的身高，设计了如下标准：

幼稚园及一年级　　二十四寸；

三、四年级　　二十六寸；

五、六年级　　三十寸。

见了这组数字，我惊讶不已。不晓得今天教室里黑板的高度设计，是否也如此精细。无独有偶，民国另一位大教育家陈鹤琴先生，也非常关注学校里那些"鸡毛蒜皮"的小事，甚至比起刘百川，有过之无不及。

同样围绕课桌，陈鹤琴写了四篇文章，专门加以探讨：1927年的《课桌椅之研究》，1930年的《课桌椅高低的标准》，1931的《课桌椅的标准》，1943年的《标准课桌椅》。从四篇文章的题目，就可发现作者关注点的细小。第一篇和第四篇文章的写作相去15年，可见作者对这"小"问题的重视程度。

在《小学标准课桌椅》一文，陈鹤琴首先说："学校里的小学生，说起来那是可怜得很！一天有五个半钟头坐在课堂里，不是椅子没有靠背，就是桌子太高或者椅子太低；读起书来，写起字来，不是驼着背，就是耸着肩，无怪乎正在发育的小孩子，不久就个个变成驼背、近视了。"为此，学校"应当赶快定一种坚固耐用高度适合的儿童课桌椅，来补救校正儿童的姿势，来增进儿童的健康。"

接着，陈鹤琴罗列了几种不正确的课桌椅，又分别提出椅子和桌子的标准。椅子的标准有三个：背须靠紧椅背，脚跟着地，双膝不上也不下，恰与地板成平行线。课桌的标准两个：背脊要靠紧椅背；手臂往上举起靠住桌子上写字时，肩膀不往上举。

最后，陈鹤琴依据不同年级（从幼稚园直到六年级）制定详细的"标准课桌椅的尺寸"，并附上示意图。

除了课桌椅，布置教室时，陈鹤琴同样关注细节。他反对老师拿学生各种"成绩"（例如好的作业本，高分考卷等）来作为教室里的装饰，认为这样做会对成绩差的学生起消极作用。他主张依时令，利用每一时令中的特殊自然物来布置。比如，他将红萝卜有叶子的一端切掉，中间挖一个孔，填进泥土，种上豆子或葱。不久，红萝卜中间长出碧绿的芽，相映成趣。这种布置还有个好处，小朋友可以观察植物如何发芽，研究植物生长的规律和特点，可谓一举多得。

读到这些富于创意和童趣的文字，我的脑海里不由浮现出一张天真而慈善的笑脸。难怪陈鹤琴的朋友亲切地称他为"斑白的儿童"。而这个

"斑白的儿童"，却拥有一串响当当的"学历"：毕业于清华大学，留学美国五年，获得哥伦比亚大学教育学硕士学位……

这世界，也许从不缺乏思考大问题的人，也不缺乏干大事的人，缺乏的是蹲下来研究小事、做小事的人。

2014.05

教授的书房

原武汉大学校长刘道玉先生批评当下高校一些教师不读书，甚至不购书。惊讶之余，我忆起二十多年前上大学期间，有幸到过两位教授的书房的情景。

大四时曾雄心勃勃要考研，可丝毫不晓得哪个方向适合自己，糊里糊涂就报了魏晋南北朝文学。说糊涂也不尽然，当时就冲着该方向的导师——大名鼎鼎的穆克宏教授去的，据传言，这是穆教授招收的最后一届研究生，也就是说，谁考上了，谁就成了老先生的关门弟子，可尽得其衣钵。那时的大学生功利心不强，对做学问还有着某些向往。

一天，心血来潮，约了同样报考该方向的同学小谢前往拜访穆教授，意思是让老先生认识认识，留点印象。那时，学生去教授家聊聊天，并不稀奇，教授们大多平易可亲，乐于接待。不排除个别同学也挟带点"阴谋诡计"，比如，平时贪玩，临考前去老师那里捞点"暗示"，但似乎所获都甚微。

穆教授十分热情，我们刚进门，直接"登堂入室"，被老先生迎进书房。我第一次见到藏书如此丰富的书房，正面一墙，书架直抵天花板，旁边仿佛搁着一张移动的梯子。我在惊叹中，想象年过耳顺的穆教授是如何攀爬上去取书的。

坐定后，简单询问情况，穆教授便大谈魏晋南北朝文学的魅力，然后感叹如今研究生不重视科研，许多人醉翁之意不在酒，仅把考研当跳板，跳出师范生身份。还说，有些年轻教师不珍惜老一辈学者的研究成果，总惦记着出去当官或者下海经商什么的，其实，像他这样一心做学问有何不好，至少在研究《文心雕龙》领域达到金字塔的顶峰，等等。

我见老先生一个劲鼓吹古代文学多好，就随口问他对梁实秋、周作人的散文有何看法。老先生说这些书他很少阅读，但是，它们和古代文学比起来，算不得什么。我当时正热衷于读梁实秋，对梁的散文崇拜得不行，心里颇不服气。于是不识好歹地反驳说，梁实秋的散文多好多好。老先生竟然来了火气，照旧坚持梁、周的文章没多少价值，劝我们多读《史记》《昭明文选》等古书云云。

我忘了是如何收场的。告辞后，经小谢的提醒，才发觉自己的唐突，心想考研没戏了，即便分数能过，老先生这关也过不了。事后证明这担心纯属自作多情，因为自己统考分数太低。再说，穆教授学问、人品俱佳，怎会介意一个嘴上没毛的大学生的那点"异议"呢？事隔多年，穆教授的面容与声音逐渐淡去，但汗牛充栋的大书房，深印在脑海里。几年前我终于也拥有了独立的书房，第一任务就是在正面墙壁上同样打造了个骇人的大书架，直抵屋顶。

另一次是去王维燊教授的家。

王维燊教授，教现代文学。我是该科的科代表。有一次，他走访我们宿舍，刚好坐到我的床头，见一套四本的《梁实秋散文》，拿在手上摩挲不已，问谁买的。我说是我买的。他以异样的眼光审视我，似乎妒忌我是哪个豪门子弟。临走前，他恋恋地说："这套书在校后门旁的书店买的吧，我好几次想买，都放弃了。太贵了！太贵了！"一声叹息。我这才明白原来大学教授也属于没钱阶级。可王教授哪里知道，这套书近30元，我花了近半个月的生活费才买下，我去书店徘徊的次数未必比他少。

后来，我和同学们去王教授家。拥挤的小三房一厅。刚坐定，王教授就主动说："来，我先带你们参观我的藏书。"他没有穆教授的大书房。几个书架分散在不同房间，包括狭窄的客厅。他得意地一个书架一个书架地介绍，一副孩子似的开心模样，仿佛向小伙伴炫耀他心爱的玩具。

犹记得当时他还热情地请我们吃他儿子新婚的喜糖。几个房门贴着大红的"囍"字。二十多年过去了，不知王教授有了自己独立的大书房没有？书架上是否摆着一套完整的《梁实秋文集》？

2013.12

第五辑　先生命运

先生当老

教育的陈年旧事

不过一书生

曹聚仁的《天一阁人物谭》，写了陈独秀先生若干件鲜为人知的事。

小时候的陈独秀不爱背"四书五经"，为此常挨祖父的打。但即便是被毒打，他总一声不吭。为此他祖父动了"真火"，曾愤怒而伤感地咒骂道："这个小东西，将来长大成人，必定是一个杀人不眨眼的凶恶强盗！"这话让陈独秀的母亲很是伤心绝望。多年后，陈独秀虽当上了共产党的领导人，并未杀人不眨眼。相反，他最厌恶杀人。他说："我以为即令是革命战争中的杀人也是残忍的事，然而战争还有进步的作用；其余的杀人，如政治的暗杀，法律的宣告死刑，只有助长了人们的残忍与野蛮性，没有一点好影响，别的杀人更不用说。"就凭这话，几乎可判定陈独秀与项羽是"一路货色"，皆有妇人之仁，在政治上注定是成不了大气候的。

陈独秀离开监狱后，晚年回归学术，研究文字学。曹聚仁说："像他（指陈独秀）这样写实的学者，无端要走出研究室，牵入政治漩涡，真是'捉住了老鸦作窠'，对于社会并无所得，对于文化却是极大的损失。……社会改革乃是

《多余的话》

瞿秋白书法

最现实的问题，书生的幻想，实无补现实上的'艰危'……"曹聚仁所说的"写实的学者"——其实就是货真价实的书生——走出研究室、投身革命，是否真的无补于现实，不好一概而论，然而，对于文化的损失却是真的，陈独秀即为明证，民国少了一个文化大师。

陈独秀的"教训"并非孤例。另一位中国共产党早期领导人瞿秋白先生也走在相同的道上。七十年前，瞿秋白就义前独坐在福建长汀中山公园的"八角亭"上，自斟自饮，谈笑自若，视四周环绕的刽子手如无物。酒至一半，平静道："人之公余，为小快乐；夜间安眠，为大快乐；辞世长逝，为真快乐。"之后，缓步走出公园，朝郊外而去，在一块草地上背对行刑者而坐，手执香烟，神色泰然，回头道："此地甚好。"从容就义。此场景，比任何慷慨悲凉的场面都动人心魄。

然而，瞿秋白却自称"文人"，是"百无一用"的书生，是"脆弱的二元人物"，是"无所用之的人物"，是"读书的高等游民"，"什么都懂的一点，可是一点没有真实的智识"。在临终写就的《多余的话》中，他无情地剖析了自己的灵魂："我的根本性格，我想，不但不足以锻炼成布尔什维克的战士，甚至不配做一个起码的革命者。……十几年我一直觉得自己一直在扮演一定的角色。扮着大学教授，扮着政治家，也会真正忘记自己而完全成为'剧中人'。虽然这对于我很苦，得每天盼望着散会，盼望同我谈政治的朋友走开，让我卸下戏装，还我本来面目。"如此书生气十足的文人，就像陈独秀一样，身上看不到丝毫"与人斗，其乐无穷"的气概，其政治上的失败，便是在情理之中。这种书生，走上凶险诡异的政治舞台，无异于一场"历史的误会"。

十年前我去过长汀中山公园，站在瞿秋白先生就义的草地上。三年前我第一次读着瞿先生的《多余的话》，心中久久无法平静，脑海里不停地闪现出他就义前的那片苍凉的空地。瞿秋白的杂文写得深刻利落，文采飞扬，文字直抵人心。他的俄文翻译水平更是那时代数一数二的，他就义后，鲁迅先生感叹道："瞿若不死，译这种书（指《死魂灵》）是极相宜的，即此一端，即足判杀人者为罪大恶极。"

由于"历史的误会"，这样的才华来不及释放，就被政治过早地掩埋。从此，中国历史上多了一个失败的政治家，少了一位一流的翻译家、文学家。

在《多余的话》里，瞿秋白说自己"是一个最懦怯的，'婆婆妈妈的'，杀一只老鼠都不会的，不敢的"。这句话与陈独秀的"杀人是残忍的"的理论如出一辙。两人都不是合格的"政治动物"。

有趣的是，陈独秀曾向曹聚仁谈起瞿秋白，他说"秋白也不是一个适宜于革命事业的人"。这确是知人之论。"也"字透露出陈独秀对自我的定位——亦不过一书生矣。

2013.08

愁眉苦脸的顾颉刚

何兆武先生回忆，"文革"期间，他跟两位著名的史学家谢国桢和顾颉刚一起被关进牛棚里学习"小红书"，历时数月。面对逆境，谢、顾的反应截然不同。谢国桢泰然处之，有人监视时，低头假装读"小红书"，一旦无人监视，便谈笑风生，还和何兆武偷偷探讨周瑜与诸葛亮的年龄，甚至写诗抒怀。而正襟危坐的顾颉刚则整天一语不发，愁眉苦脸，心事重重。

我翻阅《顾颉刚自传》，见书中插入十几幅顾颉刚新中国成立后的照片，无一例外都是一副愁苦状，即便是全家福中，妻子、儿女们个个笑得咧开嘴，他依然如故。随后，我又读了顾颉刚的《我的治学计划》长文，对他的苦相才有了一份理解与同情。

这篇《我的治学计划》写于1951年。文中顾颉刚自述，早年曾在燕京大学的宿舍里挂上一块"晚成堂"的匾额，寓意之一即表明自己离成功还远得很，要做到晚年才能有些切实的贡献。顾颉刚年轻时就已在史学界享有威望，但他自述中的这一番表白，也绝非故作谦虚。因为紧接着抗战爆发、国共内战，十多年生活不得安定，浪费了大把时间，只留下"深深地叹息痛恨"。这时（1951年）的顾先生已近60岁，而眼前依然一片茫茫，所以想到年轻时的"晚成堂"匾额就无法安心，他一次次自问："现在已到了'晚'的境界了，如何能使我'成'呢？"

其实，年近60的顾颉刚心里早有三个宏大的治学计划：1. 用10年时间写《古史四考》，对中国文化史做一个"总清算"；2. 整理《尚书》《逸周书》"春秋三传"《国语》《竹书纪年》《史记》等数种古籍，这项工作同样需用 10 年时间；3. 也是他一直耿耿于怀的，就是编撰《中国民族史料集》，这也要花费 10 年时间。三项计划，总计需耗时 30 年。但是谁能保证自己活到 90 岁并且照常工作呢？念及此，顾颉刚当然很沮丧，但他仍天真地以为："想到文化建设不远来临，到那时我要请求政府，派几位编辑、几位书记一同工作是做得到的，那么我个人的工作时间或者可以缩短十余年，确实完成这志愿。"

为了做学问，顾颉刚常对人说他想要过的生活只有两种：一种是监禁式的，一种是充军式的。所谓监禁式的生活，是把他关进图书馆和研究室里，没有一点人事的纷扰；充军式的，则是允许他到各地方搜集材料，开辟学问的疆土。

或许基于某种顾虑，顾颉刚又想："不知上面开的三项工作，政府要我做哪一项。政府如要试一试我的工作能力，我想不妨先从小的做起。'《尚书》今译和《国语》与《左传》'两种工作，估计每种速则一年，迟则二年，平均数则共计三年。如果给我的稿费够我的开销，我一定能如期完成。"为此，他进一步设想，为了心无旁骛地治学，他不想去熟人多的北京，宁肯留在"莫我知"的上海，因为"像我的年龄，已不容许我再浪费时间"。

人算不如天算。不久，政治运动一波又一波，曾经和国民党有千丝万缕关系的顾颉刚，岂有太平日子过？他想留在上海专心做事，却被上级领导误解为要在上海等待蒋介石；在家中，他心情好时想看点旧书，却被老婆强行制止，以至吵架；最后，他终于屈服了，"自悔"一生埋头于古书，以至于不重视思想改造，并发誓"即日起不再看古书，一心一意地致力于人生观之转变"。这位曾被誉为"史学上的牛顿与达尔文"的历史学家，转而一次次捧起革命小说《红岩》《红旗谱》和《鲁迅全集》，目的在于"吸取革命精神"。

然而，大半辈子与古书为伴的顾颉刚，岂是说放下古书就放得下的？更何况，他心底蕴孕着的三项治学计划，每时每刻都在折磨着他。这一点顾颉刚自己是最清醒的，他在《我的性格分析》中生动写道：

> 我肚子里有 10 余篇长文章，有的已酝酿了 10 余年，有的已 30 年，因为问题复杂，非有整段时间不能写，而近年生活太不安定，所以始终顿在肚子里。这正如一个妇人怀了孕，十月满足而产不出来，其苦痛的程度是不难想象的。

至此，我是体会到他被关进牛棚读"小红书"时的那苦相了。而那时那刻的处境，离他理想中的监禁式和充军式生活，更是遥不可及了。

顾颉刚逝世不久，余英时曾比较了两位代表中国史学现代化的第一代人物——顾颉刚和洪业——的学术成就。余英时认为，早年顾的成就远大于洪（洪 30 岁以后才专治中国史，此时顾的《古史辨》已轰动学术界），但最后 30 年间，两人的学术生命相差甚远，顾受政治环境影响，许多研究计划落空，而远在美国的洪则发表了许多分量极重的学术论著。

我搜索了顾颉刚 1949 年后的学术著作，对比他当时提出的治学计划，发现只有《尚书》和《史记》完成了一部分，其余都付诸流水，于是不由想到余英时说的一句伤心语："这实在不能不令人为之扼腕。"

2014.02

"为道文章不值钱"

1995 年的一场大病后，82 岁的孙犁彻底封笔了。一天，孙犁仔细地交代完"身后事"，又格外嘱咐女儿孙晓玲两件事：

第一件事是死后不发讣告，不开追悼会，让自己安安静静地走。去世后，来看望的人不会很多，要有充分的心理准备，因为自己生前极少去参加别人的追悼会。

第二件事是关于稿费的处理。孙犁在"文革"期间已把大部分稿费作为党费上交国库，所以，一生虽然创作了三百多万字的作品，且省吃

《铁木前传》（连环画）

俭用，也只攒下三万元。在上世纪九十年代后期，这钱根本不算什么。孙犁给自己留下五千元作为丧葬费，其余都分给了子女们。

孙犁的书，不是畅销书，但多年来一直拥有大量的读者。我书架上就有他厚厚的11卷本文集、10卷本《耕堂劫后录》，以及十来本不同的选集和单行本。一个影响力这样大的名作家，晚年仅剩这点稿费，令人嘘唏。

据孙晓玲回忆，上世纪九十年代，孙犁的文章被选入一些集子，每篇几十元，而"出一本集子写一年才八百元"。相形之下，在上世纪五十年代，孙犁出版了小说《铁木前传》，薄薄几万字，第一次拿到的稿费竟然是六千元。当时，拿到稿费单的孙犁妻子情不自禁对孙晓玲说："你爹真有本事。"不过，因福得祸，"文革"中，曾有稿费收入的孙犁，在单位里颇受"革命群众""嫉妒恨"，被称为"资本家"，差点因此断送了性命。

上世纪六十年代左右，稿费已降至非常低，理由之一是怕领工资的作家变质成为新的资产阶级。到"文革"期间，基本是零稿酬。当然个别伟人的作品有稿费，且颇丰。这是例外中的例外。

稿费的行情，随时代而起伏。对这种变迁，北大教授吴小如先生深有体会。

吴小如生于1922年，比孙犁小9岁。在一篇回顾上世纪三十年代老北京生活的长文里，吴小如详述了当时的衣食住行和文化、娱乐等情形。讲到自三十年代至"文革"前夕三十多年里，作为大戏迷的吴小如几乎周周去看戏，偶尔也看电影、话剧和曲艺。可是最近20多年，他极少涉足剧场了，一方面是值得看的戏太少，不值得为之花大把时间，另一方面是尽管戏不好，票价却飞涨得与昔年不成比例。四十、五十年代稿费从千字一二元，涨到千字五六元；到五十年代，稿酬最高可达千字十元。如今每千字最多就给百元稿酬（出版社印书，每千字仍徘徊在四五十元之间）。就看戏而论，半世纪以前，即使看一场梅兰芳的戏，戏票不超过五元，如看中国戏校学员演出，仅几角到一元几角。现在，票价最低也得几十元，多则几百元。"一篇几千字的文章，所得稿费尚不够看一场很不像样子的演出……"今昔对比，吴老感慨良多。

吴小如这篇《居京生活剪影》的短文写于1999年。直至2007年，85岁的吴小如——这位当代著名学者、古典文学研究家、教育家、戏曲评论家——仍居住在北京中关园的蜗居里。吴小如也不是没有机会购房，在此之前的2002年，有高层宿舍楼建成，他可以被照顾买房，可是，因缴纳不起近30万的人民币，最终只能望楼兴叹。

不久前，从叶开《文化强国梦和21世纪"臭老九"》一文中惊悉著名青年翻译家孙仲旭去世的消息。据说孙仲旭曾把电脑里保存的400万字译稿打开给儿子看，交代说这是他的全部财产，今后儿子要好好打理，可以回老家造间房子，讨个媳妇。儿子说为什么不能在广州买呢？孙仲旭说，在广州连个卫生间都买不起！有人算过，一部15万字的文学作品，翻译需3个月，按翻译稿费千字60元计算，稿费9000元。据现有的征税税率，减去800元起征额之后，剩下的8200征税984元，翻译家3个月的汗水，仅为7216元，大概不如一名普通白领的月工资。而这样的稿酬标准，大约已30年不变了。

同样是翻译作品，上世纪二十年代初，周作人翻译一部《希腊拟曲》，稿费是400元（共4万字，千字10元），这笔钱是个什么概念？当时周作人用360元在北京西郊的板井村买了一块地，两亩，上面还有三间瓦房。当然，这大概是周作人一生中获得的最高翻译稿酬，在此之前，尚未出名的他也有译稿，稿酬没这么高，但也千字2到5元，并不低。

每年腊月二十三，民间有"祭灶"的传统风俗，晚清诗人罗昭隐曾有送灶神诗曰："一盏清茶一缕烟，灶神老爷上青天。玉皇若问人间事，为道文章不值钱。"罗诗人借送灶神发点牢骚不平，甚至想告"御状"，可见文章之廉价，古已有之。

文章的廉价，廉价的不仅仅是文章。

名人与谶语

末代皇帝溥仪在《我的前半生》中记载了一个有关清朝灭亡的谶语。1908 年 10 月，光绪病危。由于光绪无后，慈禧召见军机大臣，商量立储人选。最后决定，立三岁的溥仪为帝，并让溥仪的亲生父亲载沣监国。溥仪回忆道："我父亲单膝侧身跪在宝座下面，双手扶我，不叫我乱动，我却挣扎着哭喊'我不挨这儿，我要回家! 我不挨这儿，我要回家'! 父亲急得满头是汗。文武百官的三跪九叩没完没了，我的哭叫也越来越响。我父亲只好哄我说：'别哭，别哭，快完了，快完了! '父亲的话意在安慰我，但是却给文武百官留下了惨淡的印象，登基大典刚结束，满朝文武官员底下是窃窃私语：怎么可以说快回家了呢，怎么说快完了呢? 这是不祥之兆啊。"果然，不出三年，1912 年初，辛亥革命爆发，隆裕太后抱着小皇帝溥仪宣布退位，大清在"快完了"的谶语中宣告完了。

上面这谶语流传甚广。我在翻阅民国史料时，还读到几则与名人有关的谶语。

1938 年，著名的文字音韵学家钱玄同偶然在一本旧书里发现一张批好的"八字"。这张"八字"不知是什么时候请人批的，连钱玄同本人也记不得了，反正是好多年前，当时纯粹出于好玩，因为他从来就不相信什么命运。这上面的"八字"批到 52 岁便终止了。无巧不成书，钱玄同去世那年，正好 52 岁。大概确有其事，钱的好友周作人在《知堂回想录》中有详细的记录。

1931年徐志摩不幸罹难后，徐的学生赵景深写了《徐志摩》一文追念。文中提到，徐志摩生前曾出版了散文集《自剖》。这部由当时新月书店出版的书封面颇为奇特：一张徐志摩的脸，一把红刀把他的脸分成两半，旁边画了好多圆圈、扇贝之类的东西。赵景深说："以迷信说来，这是预兆。红刀是红火，圆圈之类就是飞机内的机件。"更巧的是，散文集中有一篇文章，题为《想飞》——

> "是人没有不想飞的，老是在这地面上爬着够多厌烦，不说别的。飞出这圈子，飞出这圈子！到云端里去，到云端里去！那个心里不成天千百遍的这么想？飞上天空去浮着；看地球这弹丸在大空里滚着……"

> "你上那边山峰顶上试去，要是度不到这边山峰上，你就得到这万丈的深渊里去找你的葬身地！"

> "同时天上那一点子黑的已经迫近在我的头顶，形成了一架鸟形的机器，忽的机沿一侧，一球光直往下注，硼的一声炸响，——炸碎了我在飞行中的幻想，青天里平添了几堆破碎的，浮云。"

民国四公子之一的袁克文是袁世凯的次子。他自幼熟读"四书五经"，诗词琴棋书画金石收藏，样样精通。因反对袁世凯称帝，不为其父所容，逃往上海，后成为天津班会的头目。袁公子1931年病逝时，清末民初著名学者、书法家方地山为他撰写碑文："才华横溢君薄命，一世英明是鬼雄。"晚年的袁公子落魄江湖，靠卖字为生，落款时用号"寒云"。"云"字每每写作古文篆，看上去形状像耳朵，又似"四二"（上面"四"，下面"二"）。袁公子死时恰为42岁（虚岁），当时人多以为谶。

第四位人物是被称为"脾气乖僻，和他的学问成正比例"的国学大师黄侃。1936年，黄侃五十岁生日，他的老师章太炎亲撰一副对联相赠："韦编三绝今知命，黄绢初裁好著书。"知徒莫如师，这对联对仗严整，内容切合黄侃的实际：上联用孔子读《周易》的典故（孔子为读《周易》而多次翻断了编年竹简的牛皮带子），暗指黄侃五十年来一直勤奋读书，没有荒废；下联用东汉蔡邕盛赞文学家邯郸淳作的《曹娥碑》的故事，希望黄侃从今以后可以着手著书立说了（黄侃有一句经典名言：五十之前不著书）。然而，据说，向来对章太炎老师极其尊崇的黄侃接到对联后，当即"殊不怿"（很不高兴），理由是章太炎这副对联中嵌有三个字"黄""绝命"。也许是受某种心理暗示的影响，当年九月十二日，黄侃酒后不幸去世。世人就说这是"一联成谶"。黄侃逝世后，章太炎为他这位爱徒写了深情的墓志铭："（黄）尤精治古韵，始从余问，后自为家法，然不肯轻著书。余数趣之，曰：'人轻著书，妄也；子重著书，吝也。妄不智，吝不仁。'答曰：'年五十当著纸笔矣。'今正五十，而遂以中酒死。"可见黄侃在老师章太炎心中的地位。

　　这几位名人早已成古人。时过境迁，他们的"一语成谶"，后人尽可当成茶余饭后的谈资。可是，在整理这些史料的过程中，我总有某种难遣的悲戚与遗憾，倘使天不妒英才，他们不盛年而逝，该给世间留下多少精神财富。

2015.01

"命大"的史学家

香港中文大学出版的《许倬云八十回顾》，内容比国内出版的同类书《许倬云访谈录》《问学记》等都更具体翔实。《八十回顾》记载，抗战爆发后，年仅8岁的许倬云随父母转移入湖北和四川。在湖北逃难时，日本飞机曾疯狂地扫射许倬云他们坐的难民船，死伤累累，许倬云称这种惨状为"打坐着的鸭子"。

逃难过程中，双腿残疾的许倬云无法自己行动，一路基本被背着，有时被背在背上，有时被背在背篓里。入川后，假如无船可坐，就只好走旱路——栈道。坐船舒服又安全，走栈道却危险重重。这些栈道，路基大多是凿出来的石头，两根木桩斜着打进山壁，然后在桩上铺上木板。许倬云也给栈道一个形象的比喻——"靠墙书架"。

四川有许多男子以抬滑竿为生。许倬云便坐着滑竿，连同行李一起被抬着走。滑竿前面竿子短，后面竿子长，后面的滑竿夫看不见前面，所以只能听前面那人的指挥。一路上滑竿夫边走边哼："前面一朵花，莫要去采它""左拐右转"等等。

北大红楼书桌

栈道常常要经过一些拐弯处，一侧是峭壁，另一侧是万丈深渊。前面的滑竿夫一点点挪脚，后面的滑竿夫把手托出去，稍有闪失，人和行李便葬身悬崖。但是，即便如此，这些滑竿夫一旦烟瘾上来了，还边走边掏出烟枪来，抽几口鸦片烟，振振精神继续前行。此刻，坐滑竿的人更加胆战心惊。

一次，刚走完栈道下坡时，天已暗下来。许倬云坐的是最后一个滑竿，感觉越走越慢，突然，"砰"一声，前头的滑竿夫摔倒了，许倬云被掀翻在地。这个滑竿夫再也没有爬起来。后头的滑竿夫见状立刻去追前面的人找救兵，把许倬云撂在路中间。这里是荒山野地，天又黑，许倬云孤零零地等待着。幸亏没有狼出现，也幸亏摔倒的地方已经过了栈道，否则，后果不堪设想。

与许倬云同年出生的另一位历史学家余英时先生，也有过类似有惊无险的经历。

抗战结束后，余英时的父亲余协中受杜聿明委托，到沈阳创办东北中正大学。1946 年夏天，长期呆在桐城乡下的余英时几经转折，终于回到沈阳父亲的身边。第二年，余英时顺利考进中正大学历史系。可是，好景不长，过了三个月，东北战局天翻地覆，余英时被迫随父亲离开沈阳前往北京。当时沈阳机场里只有三架飞机，余协中坐第一架，余英时坐第三架。当余英时排队登记上机时，父亲忽然招手要他过去，原来第一架还剩余一个空位。余英时在登机前最后几分钟坐上了第一架飞机，结果第三架飞机不幸失事了。

1949 年 8 月到 12 月，余英时以插班生的身份转入燕京大学历史系二年级。次年元旦过后，余英时到香港探望已在那里的父亲和继母。他听从父亲建议，留在香港的新亚书院跟随钱穆读书。当时，新亚书院是钱穆刚创办的，整个书院仅有一座普通的两层楼，各种条件极其简陋。

不久，朝鲜战争爆发了。突起的形势冲击着余英时年轻的心。他开始苦恼是否回北京，因为他太留恋燕京大学了，那里有美丽的校园、美好的记忆。况且，自己虽然已经在新亚书院念书一学期了，但并不喜欢香港的殖民地生活，再说，将来留在闹哄哄的香港又能干什么呢？揣着一颗犹豫不决的心，这年夏天，余英时还是坐上了开往内地的火车。火车到达广东的东莞，因故停滞了三四个小时，而就这段短短的数小时内，余英时最终想通了一个重大问题："我是跟父母呢，还是回北京？后来考虑到父亲年纪大了，弟弟还小，也没有人照顾。我想，中国人多得很，多我一个少我一个不相干。我在思想交战之下，最后决定还是回香港，主要还不是政治考虑，是个人的'小资产阶级温情主义'战胜了革命理想。"当即，余英时就在广州站下车，花高价买了一张返回香港的票，从此一生的道路就像这趟方向朝南的列车，完全不同了。

这个返港的小小决定，从某种角度上说，其意义却等同于几年前放弃第三架飞机，坐上了第一架飞机。

许倬云和余英时，都属于命大的人。而对于余英时而言，这"命"里，还包括学术生命。

2014.11

忘了自己是谁

经济学家千家驹在《发愤集》中写了两个"忘我的人"。

有"中共第一报人"之称的哲学家潘梓年，抗战期间在重庆参加一次集会，签到时，写完"潘"字，就愣住写不下去了。后面排队等着签名的朋友问他怎么回事？潘梓年答："我叫什么名字呵？"人家告诉他"梓年"两字，他才签上了名。第二个"忘我的人"是大名鼎鼎的金岳霖。大约1954年的一天，在文津街中国科学院办公室里，千家驹和潘梓年、金岳霖、侯外庐等几个朋友聚会，大家聊起"健忘"的趣事，金岳霖说："把自己姓名忘了那算得什么呢？我就经常把自己姓名忘掉。有一次我给陶孟和先生打电话，接通后，陶先生秘书问我是谁？哎哟，我怎么也想不起自己的姓名来了。我说，陶副院长是我的老朋友，你请他来听电话吧！"这段话在金岳霖的《自传》里也有记载。

忘了自己的姓名，的确是一件麻烦又尴尬的事。但如果忘了自己的"位置"，那就不止是尴尬和麻烦了。

新中国成立之初，孙犁任天津文联副主席，平时单位里免不了有迎来送往的宴请，孙犁基本不出席陪客，被视为"孤高"。对孙犁的这种不近人情的极端做法，我也觉得不可思议。后来，读到他的《我的位置和价值》一文，才释然了。

文中，孙犁回忆自己"文革"前在《天津日报》当编委，按当时的行政级别，是不小的"官儿"。报社食堂的师傅和孙犁熟悉，知道孙犁有胃病，每次遇到孙犁到食堂用饭，"总是微笑着把我请到上座，也就是最好的位置，品尝品尝他做的饭菜"。孙犁吃完，不忘带着由衷的感情赞美一下师傅的厨艺，师傅照例笑容满面说："首长吃好了，身体健康，就是我们的幸福！"

"文革"来了，孙犁受到冲击，被驱赶到食堂参加劳动。一天，孙犁帮着食堂师傅们磨豆腐，推磨棍的一端，正需要一块重物——一块石头或几块砖头——压着，这时，有个聪明的人提议：孙犁去填补这个位置。提议的人，是当年那位屡屡把"孙犁请到上座"、口口声声称他"首长"的师傅。

孙犁在这文章末尾的"论曰"写了几句话："价值与位置，是辩证的统一，其基础为经济与政治。通俗言之，即金钱与时运。一般人，不能自我发现，皆由社会或旁人发现。……至于写几首诗，发表几篇小说，便吹牛说，发现了什么什么，其不自量力，无自知之明，是非碰壁不可的。"这番话，可视为作者的自我调侃，更是自我警醒。

联系孙犁当文联副主席时，基本不出席宴请的做法，也许，这是因为他还没有完全忘记自己的"位置和价值"吧。

话说回来，食堂师傅尽管曾把作家当成压磨的"物"，毕竟还留了点"人道"，没有把孙犁往更坏的地方整。另一位与孙犁交往不浅的作家赵长年，在一篇文章中说他年过半百了，仍然思念小学时代不打他手板儿的那位冯老师，接着笔锋一转："不打学生，不打孩子，包括历次政治运动中不把我往死里'打'的人，我都永远感激他！"同理，这位食堂师傅，从某种意义上说，也是值得感激的。

2014.08

名人与"抄书"

人在极端苦闷之际，或许都会做出些异乎平常的举动。

比如，鲁迅年轻时埋首于抄古碑。1909年鲁迅从日本回国后，所见以及随后发生的一切都使他深感悲痛失望，他说："见过辛亥革命，见过二次革命，见过袁世凯称帝，张勋复辟，看来看去，就看得怀疑起来，于是失望，颓唐得很了。"1912年1月，他应蔡元培的邀请，赴教育部任职，一直到1918年5月发表白话小说《狂人日记》为止，前后10年间，鲁迅在工作之余的一大"乐趣"就是抄古书古碑。抄古书古碑，一方面是小时候养成的兴趣，一方面是在教育部任职期间无事可做，同时也为了躲避纷扰恶劣的现实。但更重要的是，种种现实使鲁迅感到一种"未曾经验的无聊""悲哀""寂寞"，而且"寂寞是不可不驱除的，因为这于我太痛苦。我于是用了种种法，来麻醉自己的灵魂，使我沉入于国民中，使我回到古代去……"总之，抄古书古碑成了鲁迅排解寂寞和麻痹自我的一种有效方式。

据《鲁迅日记》记载，鲁迅抄古书的次数非常多，以1913年6月为例，提到抄古书的记录就达8次。鲁迅抄的古书十分繁杂，但主要是一些佛经、史书和魏晋时期的作家文集。古书的抄写，从积极的方面说，帮助鲁迅深入了解中国复杂的历史，为他后来的文学创作提供了有力的学术支持。

在现代作家中，有过抄书经历的还有叶圣陶。"文革"爆发前夕，教

先生当年
教育的陈年旧事

198

育部被改组合并，叶圣陶被免去副部长职务，不再参加行政工作。虽然由于受到特殊的保护，叶圣陶没有经受揪斗、抄家和下干校之苦，但单位里贴满大字报，家人被批斗，以及一个个好友的不幸遭遇，也给他以沉重的精神打击。那些年叶圣陶"赋闲"在家，朋友间又不能自由走动，他渐渐养成了两种爱好，一是养花，二是抄书。

> 提笔意始凝，并驱手共脑，徐徐抄写之，徐徐事究讨。细嚼得真味，精鉴乃了了。瑾瑜固惬心，瑕亦辨微小。此际神完固，外物归冥邈，罔觉渐移晷，不闻当窗鸟。佳境良难状，其甘只自晓。

这首题为《抄书》的诗写得似乎颇悠闲，但是窗外的风声雨声"鸟"声不断，作者心头的况味可想而知。

金商林的《叶圣陶年谱》写道，1967年，也就是叶老被宣布"赋闲"的第二年，"事略"的记载就变得极其简短，并且几乎仅剩一个内容——抄书。这一年的年谱"事略"文字不多，我全抄如下：

> 一月二日，始抄读毛主席的《学习和时局》。
>
> 一月四日，抄读《丢掉幻想，准备斗争》。
>
> 一月六日，抄读《整顿党的作风》。
>
> 一月十日，抄读《关于纠正党内的错误思想》。
>
> 一月十四日，抄读《党委会的工作方法》。
>
> 一月十七日，抄读《将革命进行到底》。
>
> 一月二十四日，抄读《对晋绥日报编辑人员的谈话》。
>
> 一月二十六日，抄读《论联合政府》。
>
> 一月二十七日，抄读《在中国共产党第七届中央委员会第二次全体会议上的报告》。
>
> 一月三十日，抄读《把军队变为工作队》。

一月三十一日，抄读《开展根据地的减租、生产和拥政爱民运动》。

二月一日起，仍每日抄读毛主席著作，直到九月中旬患病为止。

九月二十四日，因患"急性前壁心肌梗塞"住进工农兵医院（首都医院）普通病房。周总理知道后即通知教育部各派组织："必须送医院急治。"教育部四派组织才开出共同证明："此人目前尚未定为走资派"，叶圣陶才住进高级病房。

十一月十二日，出院。

叶圣陶和鲁迅一样，在特殊的处境下，都以抄书自遣。不同的是，鲁迅抄的是古书，叶圣陶抄的是毛泽东的书。在某个特定的年代，不是想抄谁的书就可以抄谁的书的。这样一推想，抄书者的苦闷更甚。

行文至此，忽然联系起另一件伤心事，也和"抄书"有关。1968年3月，郭沫若最疼爱的儿子郭世英因忍受不了非人折磨，从关押他的三楼破窗而出，毅然赴死。次日，郭沫若强忍泪水，一言不发，关在房里，把儿子在西华农场劳动期间的日记，一行行、一页页誊写到宣纸上，整整抄了八大本。

此情此景，就不仅仅是苦闷而已了。

2014.02

读启功"1966年日记"

　　《启功日记》是本200来页的小开本书，文字不多，两三小时就翻完了。这本日记，记录了启功先生几个阶段的生活，跨度从1966年至1990年。其中，最有价值的部分是1966年。

　　这一年是"文革"初期，政治方面风声鹤唳，人人自危。平生不爱写日记的启功，不知为什么，居然写起了日记。日记写得极其扼要简单，基本是些流水账，记事客观，文字节制，没有流露出对事件或人物一言半辞的评议。写日记，启功肯定不是为了有朝一日将之公之于世，但多年后，当历史翻过了一页页，回头阅览这些只言片语式的日记，剔除诸如"上午学习，下午劳动"或"上午小组，下午看大字报"等重复的语句，有些文字细加玩索，还是别有意趣的。

　　1966年7月22日的日记仅一行："看坏电影《桃花扇》。"值得注意的是，前后几天，启功要么参加大游行，要么参加集中学习、讨论。能够在这般嘈闹的日子里安静地欣赏一次"坏电影"，而且是难得的古典名著，真是

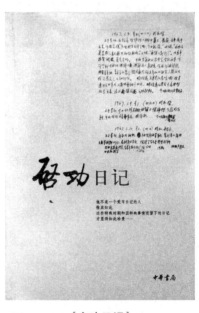

《启功日记》

一种享受。当然，即便是"享受"，心情也不敢在日记里袒露，还小心翼翼在电影之前加个"坏"字。

1966 年 7 月 9 日记录了北师大革委会工作组要求老师们登记"个人的问题"，具体是："个人历史从十岁起逐年逐月分清次序写明，叙述历史上重大问题的详细经过。"读到这里，我在想，谁的记性这么好，还记得十岁时某月的所作所为？不知道北师大那帮老夫子是如何完成作业的。

这一年的日记，唯一连贯记录下的就一件事——清理厕所。

比如，9 月 20 日写道："上午 8—10 时，自学文件，10 时后看大字报，下午劳动扫楼道，运纸箱，甚吃力。"当看到一位姓肖的老师在刷厕所，启功联想到自己扫厕所时，注意力放在看人，"恐人见己"，现在才知道应该看活儿，才能知道哪个地方不干净，需要刷洗。他进而反省："应再进一步看罪行，看思想，看劳动人民，看革命事业。"一个月后，他又在日记中反思自己对劳动存有偏见，是剥削阶级的生活习惯，居然"不知如何一扫赎一罪"，今后务必"改善思想意识"。

10 月 8 日的日记写："上午学习，下午听全校辩论会，用去污粉洗尿池有效。"看来，刷厕所至少快一个月了，这位大师才懂得"去污粉"的妙用。

日记里还记录了启功一次不及格的考试。1966 年最后一天，恰好周六，上午劳动，下午学习，然后是考试——默写"老三篇"之一的《纪念白求恩》。启功没有背熟文章，结果错了 194 个字，得分是负 94 分。第二天，即 1967 年元旦，大家都放假了，他继续补考，得 79 分，总算过关。这年，启功 55 岁。

《启功日记》最长的一则是"关于四个口袋问题"的详细情况。该日记写于 1966 年 12 月 13 日。当时，北师大有部分教师张贴大字报，提到启功的"四个口袋"。启功因此向上级"详加交代"四个口袋的经过。关于四个口袋的事情原委是：在 1962 年左右，学校旧总支部提出发挥老教师潜力的号召，让他们各自贡献"所长"，订出科研计划，并先分组交流各自做学问的绝招和计划。小组会上，启功介绍自己有四方面的知识，并同时在这四方面进行积累，归置一处。比如，平时有零星的想法，就随手记下，塞进纸袋中。所谓"四个口袋"，其实就是四堆零碎的材料，分别为：一是古典文学的一些心得，如注释等；二是关于书法方面的笔记；三是文物鉴定方面的笔记；四是清代掌故方面。

交代好原委，随后启功在日记中进行深刻的自我批评：1. 暴露自己炫耀专长、为名为利的意识，同时想在这几个"市场"贴广告，以便有朝一日出售这些"罪恶的货底"。2. 自己这一套"罪恶货底"，迎合了黑帮分子的口味，被利用于"毒害青年学生"，"罪不容逃"。

这种明知没错，却不由分说，还得自我抹黑、自我掌嘴的行为，对于一个学者来说，内心要承受怎样的无奈和苦痛。它们，是那个年代里绝大多数知识分子的心灵底色。

这底色，今天消失了吗？

2015.01

差点儿成了邮政员

中国校友会的《2014 中国高考状元调查报告》，针对 1952—2013 年全国各省市自治区近 3000 名高考状元的求学与职业等展开调查及研究分析。报告显示，在高考状元志愿选择中，就读经济学、工商管理学等"赚钱"热门专业的人数最多。

其实，热衷于赚钱专业的现象并非始于今日。季羡林回忆，民国时期社会上仅有三个地方能生产"铁饭碗"——邮政局、铁路局、盐务稽核所。由于这三处的管理权掌握在外国人手里，谁也不敢惹，无论时局如何动荡，都可平安无事，因此只要老实干活，准保吃香喝辣。就说这邮政局，到上世纪九十年代仍"炙手可热"，只有牛逼的学生能考上邮电大学。2001 年我的一个学生可上北大，她却选择了北京邮电大学。一些属于普通本科的邮电学校，录取分数都在重点大学之上，就更在情理之中了。

追求热门专业，原本无可厚非。民国时有几位名家，就曾和第一"铁饭碗"邮政局有"缘"，还差点儿成了邮政职工。他们是叶圣陶、季羡林、孙犁。

1911 年的新年一过，叶圣陶父亲的老东家吴保初（时任锦州电报局局长）派人请叶圣陶去他家，问是否愿意考电报学堂。叶圣陶非常矛盾。他不想去，理由是电报这种工作，"当差有一定年限，则一身不得动矣"。除了不自由，工作也太琐屑、太平淡，"为之无甚关系"（干这行没什么意义）。况且再过一年，即将中学毕业，虽然毕业后前途未卜，但他不想半途而废。可是，叶圣陶迫于家境又不得不去，家里的顶梁柱——父亲——年事已高，"家无恒惟谋生是求，苟可以早一日谋生者，当必就之"。左右为难之际，聪明的叶圣陶便还要以请示父亲为由，暂时不予答复。

当天，叶圣陶在日记里写道：如果父亲不认为电报行业好，那么自己还是决心走自己的路："唯有力学成名，做些有关系之事"，一则可以养家糊口，二则不负自己的志向。什么志向？同年 12 月 2 日的日记，叶圣陶记录了曾对好友顾颉刚谈到的：

> 今世人心，固执者尚其大半，无定者亦非少数，似此任之不顾，终难相成此大民主国。而欲革人心，自非口笔不能。……此身定当从事于社会教育，以改革我同胞之心，庶不有疚于我心焉。

可见叶圣陶的志向不在于找个铁饭碗糊口而已，而是想从事教育事业，通过教育，改变世道人心，建立"大民主国"。

叶圣陶对邮政工作的看法，与孙犁有相似之处。十几岁的孙犁跟随父亲到安国县上学，父亲和县邮局的局长认识，也打算让他将来考邮政。有一年，一位青年邮务员新分配到这个局里，父亲有意识叫孙犁和他交往。交往过程中，孙犁发现邮务员常常感叹自己的寂寞枯燥、远离家乡、举目无亲之苦。这给孙犁留下极深的印象。最终，孙犁和叶圣陶一样，并未去报考邮政。

如果说叶圣陶和孙犁是有意避开铁饭碗的邮政业，对于季羡林来说，情况就完全不同了，可以说，季羡林是"求之而不得"的。

与孙犁同龄的季羡林，1930 年从山东省立济南高中毕业后，家里也希望他能捧到一只"铁饭碗"，于是让他报考邮政局。"如果勤勤恳恳，不出娄子，干上十年二十年，也可能熬到一个邮务佐，算是邮局里的一个芝麻绿豆的小官了；就这样混上一辈子，平平安安，无风无浪。"季羡林在自述中这样写道。季羡林还坦诚说：自己"从来没有梦想成为什么学者，什么作家，什么大人物。家庭对我的期望是娶妻生子，能够传宗接代；做一个小职员，能够养家糊口，如此而已。"既然胸无大志，自然就不会像叶圣陶那样纠结了。可惜面试时，季羡林被"老外"面试官给刷下了。

不管个人的选择，还是命运的安排，叶圣陶、季羡林、孙犁最后都跟邮政职业"擦肩而过"。至于这种有缘而无分的结局，到底是"幸乎？不幸乎？"恐怕当事者也说不清。也许有的人认为，这是"幸"，因为他们都成了名人。但我更喜欢某当代学者的话："我不太愿意去下结论了，不太愿意去判断到底什么样是一个好的生命，而是开始去理解不同的生命状态。"

我也这样去"理解"那些追求赚钱专业的高考状元们。

2014.10

沈从文的"蛮劲"

　　沈从文逝世后，季羡林写了《悼念沈从文先生》。文中有一细节：1946 年，季羡林从德国留学回北平，沈从文也从西南联大回来，两人同在北大任教。一次聚餐，桌上有个东西用麻绳扎得紧紧的，大家正要找在剪刀或小刀，沈从文一把抢了去，硬是用牙齿把麻绳咬断。

　　"这个小小的举动，有点粗劲，有点蛮劲，有点野劲，有点土劲，并不高雅，并不优美。……在达官贵人、高等华人眼中，这简直非常可笑，非常可鄙。可是，我欣赏的却正是这一种劲头。"季羡林道。

　　季羡林很善于观察，见微知著。的确，也许正靠这股"粗劲""蛮劲""野劲""土劲"，当年的沈从文才俘获了才女张兆和的芳心。那一两百封有去无回的情书便是明证。当忍无可忍的张兆和把这一大堆肉麻的"情书"送到校长胡适面前，控诉说：沈老师老对我这样子。胡校长风趣地回答：是的，他非常顽固地爱你。"顽固"二字用得恰到好处。"顽固"是对"蛮劲"的另一种注释。

　　1948 年香港出版的《抗战文艺丛刊》第一期，郭沫若发表了著名的《斥反动文艺》。文中斥责沈从文等人是专写颓废色情的"桃红色作家"，"存心不良，意在蛊惑读者，软化人们的斗争情绪"，还说沈从文是"有意识地作为反动派而活动着"。同期还刊登有冯乃超的《略评沈从文的〈熊公馆〉》一文。沈从文与民国第一任总理熊希龄是同乡兼远亲。冯的文章说沈从文在《熊公馆》里称道熊希龄的故居以及他"人格的素朴与单纯，悲悯与博大，远见和深思"，是为地主阶级歌功颂德，体现了"中国文学的清客文丐传统"。随即，北大学生在校园里贴出"打倒现代评论派、新月派、第三条路线的沈从文"的标语，用大字报抄录了《斥反动文艺》，颇有推波助澜之势。这一次次浪潮，引起沈从文的"震恐"。不久，就发生了沈从文两次自杀未遂的事件。选择自杀，是沈从文恐惧的表现，也是他"蛮劲"的极端爆发。

随后一波波人马上门做思想工作，经过无数次的学习，沈从文的蛮劲终于一点点地软下来。读吴世勇的《沈从文年谱》，仅在1949年这段时间，我看到一位作家心灵挣扎的过程。

> 为了你们，我终得挣扎！但是外面风雨必来，我们实无遮蔽。我能挣扎到什么时候，神经不崩毁，只有天知道！（2月2日，沈从文给妻子张兆和的信）
>
> 一切得重新学习，慢慢才会进步，这是我另外一种学习的起始。（3月2日，沈从文在自己一本书后的题识）
>
> 小时候生活受挫折过多过久……因之性情内向，难于与社会适应。（3月13日，沈从文给友人的信）
>
> ……把我过去对于文学观点完全摧毁了。无保留的摧毁了。搁笔是必然的，必须的。……给我一个新生的机会，我要从泥沼中爬出……从悔罪方法上通过任何困难，留下余生为新的国家服务。（4月6日，沈从文日记）

这些文字，也留下了沈从文企图"转身"的某些轨迹。

终于，有"蛮劲"的沈从文还是拿起了笔，他决定"重新学起"写小说。一篇5000多字、反映新时代的《老同志》经反复修改七遍后，送给某文艺界领导审看。沈从文还不忘交代说"可以随便修改"，结果，小说仍没有得到发表。如果说，沈从文这样做，是用文字去媚俗或取悦某领导，肯定有失公允。然而，悲哀或许就在此，他是真诚地去这么做的，他真诚地想改造自己，以期在新社会重新做人。我想起 1949 年以后主动修改自己早年作品的老舍、曹禺等名家。

可以想象，这其中有着一股怎样强大的外部改造力量。

上世纪八十年代，记者问冰心："你们参加过'五四'运动，反专制，反封建，讲德先生赛先生，怎么后来又崇拜偶像呢？"冰心答："中国太乱，好不容易有了人出来治理，我们很高兴。要不是崇拜，我们还不从外国回来呢！"的确，太深的爱容易导致盲目的膜拜，以至失去自我。然而，能把一大批"顽固"的知识分子，从骨子里改造得如此心悦诚服，"太深的爱"是唯一的理由吗？

2014.02

语录的妙用

1966 年 10 月 1 日,《人民日报》国庆专版登载了山西省原平县食品公司屠宰场徒工杨美玲写的《用毛泽东思想指导杀猪》一文,作者自述了用毛泽东思想作为指导很快掌握杀猪技术的动人事迹。比如,一般男子用三四年才能学会的杀猪本事,年仅十七八岁的少女杨美玲不用一年就学到了。她在文章中说:"我能用较快的时间学会了屠宰技术,我能把人们认为女人办不到的事情办到,这是因为什么呢? 是凭我天生的聪明吗? 不是的,完全不是,这是毛泽东思想的威力,如果说我有点聪明的话,也是毛泽东思想给了我智慧,给了我聪明。如果说我勇敢的话,这完全是毛泽东思想给了我战无不胜,攻无不克的胆略。"

"文革"中,用毛泽东思想指导杀猪之类的事迹不止一例,更有甚者,还有用毛泽东思想治好了精神病、聋哑病的报道。这些报道被汇编成册,广为流传。

那时把语录当成"精神原子弹"的人,自己就相信这些"神迹"吗? 可能未必。但大家把语录抬出来,既迎合造神潮流,又可得名得利,何乐而不为? 比如,作为学习毛泽东著作的积极分子、女屠夫杨美玲后来平步青云,当上了原平县食品公司革委会副主任,名列原平县革命委员会常委。

也有些人,抬出伟人语录,不是为了得名利,而只是为求得平安,顺利过关。我家乡海边有块被称为"神石"的风动石,闻名于世。据说,

"文革"期间，造反派看上这重约二百吨的好石料，便借口"破四旧"，准备炸掉奇石。附近乡民闻讯赶来，情急生智，把毛主席一句诗"风景这边独好"当夜刻到石头上。第二天，造反派一看，傻了眼，不敢动手，"神石"竟得保全。

"神石"也需要语录的保护，血肉之躯的人更不在话下。余英时在《师友忆往》中提到钱锺书上世纪五十年代编撰《宋诗选注》，曾在序中引用了一些《毛泽东在文艺座谈会上的讲话》。后来，钱锺书在回答余英时关于引用这些话的原因这一问题时，含糊其辞地说他"引的话，几乎都是常识，所以是大家都能接受的东西"。然而谁都知道，这不是根本原因，否则既然是常识，为什么不引用别人，偏偏引用毛泽东的？难怪余英时说：这是钱锺书"能保护自己，也能够知道这样明哲保身"。我想，这恰恰就是钱锺书绝顶聪明的地方：他饱览古今书籍，但不是书呆，他属于"不立于危崖之下"的君子。

著名的气象学家、浙江大学首任校长竺可桢，曾经拒绝老蒋邀请就任浙大校长，平时对老蒋也是爱理不理的，可 1949 年以后就不这么"任性"了。竺可桢写了一辈子日记，从不间断，1949 年以前的日记，曾经"指点江山，激扬文字"，到后来几乎"无话可说"，每天的日记基本是记录天气而已。而他最后一篇学术论文《中国近五千年来气候变迁的初步研究》，开门见山竟是："毛主席教导我们，在生产斗争和科学实验的范围内，人类总是不断发展的，自然界总是不断发展的，永远不会停止在一个水平上。"今天读了，难免一番唏嘘。

相比之下，陈寅恪因为头脑里少了点"润滑油"，不仅没在著作中主动引用领袖语录，而且软硬不吃，拒绝北上就任中国科学院中古

黄永玉题陈寅恪夫妇墓碑

史研究所所长，至于口述《对科学院的答复》的信，更是公然对抗最高层。结果，这位闻名中外的大教授，"文革"期间的境况竟比不上一个小县城的女屠夫，后者因为善"用毛泽东思想指导杀猪"，当上了官，吃香喝辣，风光一时。

2013.08

附录·先生教书生活

从苦雨愁城到长堤垂柳
——孙犁的小学教职生涯

大概少有人知道，孙犁在抗战前当过几年小学教（职）员。孙犁是个非常重情、怀旧的人，这些短暂而零碎的教职经历，在他晚年多篇怀人的文章中，一再被勾起。

梳理孙犁的教职生涯，有助于认识那时代的小学教育风貌。

一段苦涩的师生恋

1926 年，孙犁考入保定育德中学。这是当时华北地区相当知名的私立学校。学校花重金聘请名师，培养的毕业生质量也高，是天津北洋大学学生的主要来源。育德中学还有另一特色——培养优秀运动员，北平师范大学体育系的生源，也差不多由育德中学包办了。当然，学费不菲，一年要交 36 元（不含课本费），相当于当时小麦一千多斤。孙犁说，那时候，一家单纯的富农，根本无力供给一个中学生，必须兼有商业资本或其他收入。孙犁的家庭是富农，父亲又在县城当掌柜，他说这番话想必有所依据。

念高二时，孙犁一位同班同学侯士珍被学校任命为平民学校的校长。因为孙犁经常在校刊《育德月刊》发表作品，就被侯士珍约去担任女高小二年级的国文老师。

女高小二年级的学生很少，仅五六人。一个个非常有礼貌。

"九·一八"和"一·二八"事变刚发生，每个中国人的心中都难以平静。孙犁也是。在平民学校教学过程中，年轻的孙犁以韩国志士谋求国家独立为题材，创作了剧本，还在课堂上给学生介绍了法国和波兰的爱国小说，以及一些反映十月革命的短篇作品。

一个女生闯进了孙犁的生活。她叫王淑（后来孙犁又写成"王淑珍"），是这个班的班长。她每天坐在最前排中间位置，上课时用沉稳而略带沙哑的嗓音喊口令。王淑的相貌平平，但不大的眼睛"特别的黑和特别的大"。说话总带着微笑。王淑各门功课都极好，又擅长书法和绘画。写的作文也不凡，紧紧吻合时代，以及孙犁"教课的思想和感情"。作文里写不尽的话，王淑还写成长长的信，寄给孙犁，和他讨论，要他解答。

往来之间，两个年轻人产生了情感的火花。

两人密切的关系，被育德中学训育主任发现了。这个训育主任高个子，西装革履，满脸杀气，据说，曾在部队里当过连长。——训育主任，军人出身，今天一想，意味深长。训育主任的办公室就设在学生出入必经的走廊里，学生一举一动无不一清二楚。办公室对面，就是学生放信件的地方，每天谁来取信，什么信件，自然也逃不过主任的眼睛。有一天，训育主任把孙犁叫到办公室，用委婉的话，客气地免去了孙犁在平民学校的兼课。

孙犁和王淑无法正常见面了。好在两人的教室相距不远。每次课间，他们不约而同地来到各自教室外走廊，遥遥相望。"我看见王淑站在她的课堂门前的台阶上，用忧郁的、大胆的、厚意深情的目光，投向我们的大楼上。如果是下午，阳光直射在她的身上。她不顾同学们从她身边跑进跑出，直到上课的铃声响完，她才最后一个转身进入教室。"孙犁写道。在孙犁的暮年文字中，不惜用如此多的语言描写一个细节，似乎绝无仅有。

后来，王淑患了眼疾，孙犁曾去医院看望她。两人依依不舍分别。不久，孙犁离开了"苦雨愁城，枯柳败路"的保定，远走北平，双方不复见面。但是这段无果的青葱恋情，孙犁是无法忘却的。在他65岁时写的《保定旧事》里，曾较详细而毫无掩饰地追忆了此事；82岁时，他又在《〈善闇室纪年〉摘抄》中做了补记，并对王淑后来的坎坷身世，表示惘然与同情。

丑陋的教师，黯淡的青春

1933年，21岁的孙犁育德中学毕业后，无力升学，回农村老家闲住。第二年春，孙犁的父亲托熟人在北平市政府工务局替他谋得一雇员职位。由于不适应刻板又低声下气的公务员生活，孙犁时常借故请假，后来局长易人，孙犁自然被辞退。失业一段时间，孙犁又在父亲的帮助下，到北平象鼻子中坑小学当事务员。

中坑小学，地处东城观音寺街内路北，是三十年代北平少有的几所实验小学之一。当时北平的小学，都让北平师范的学生把持着。据说，北伐时期，中坑小学的校长参加了国民党，在接收学校时，由几个同乡同学，用砖头和瓦片，强行攻入，撵走了据守在校内的非北师毕业的校长，从而占领了学校。之后，这群"功臣"，顺理成章成为本校的教员。

校长月薪60元，比孙犁多出42元，也比普通教员多出20元，收入不菲了。但校长还有其他项"灰色收入"：校园修缮费、课本代办费，以及文具费虚报、校服回扣等等。所以，校长能带着家眷，过着舒服的日子，孙犁说校长可以"每天早上冲两个鸡蛋，冬天还能穿一件当时在北平很体面的厚呢大外氅"。

学校有两名事务员，孙犁到校后，分管会计。但校长对嘴上没毛的孙犁不放心，只让他每月向教育局填几份表报，在表报上面贴各种从文具店等开来的假单据，只要弄得支付相当就可以。平时，剩下大段的空闲，孙犁除了读书，便听另一位叫赵松的事务员，讲述学校各种稀奇古怪的"掌故"。

也就在这所学校里，孙犁接触了一个个活生生的教员。在他笔下，这些教员，庸俗粗鄙，面目可憎。

因为孙犁的办公室挨着厨房，自然成了教员们的临时聚散地。每天教员们一下课，纷纷拥进办公室来，喝水、瞎聊。其中，四年级级任，是个自以为是的教员，这人大概患有咽喉炎，一来便直奔痰盂，大声清理鼻喉，颇让人恶心。有一天这位教员突然垂头丧气起来，原来，此君与一女生发生关系，使对方怀孕，正想方设法处理。而校长与他是同乡，竟知而不问。

校长的另一个同乡是六年级级任，也颇有特色："他年岁较大，长袍马褂，每到下课，就一边擦着鼻涕，一边急步奔到我们的小屋里，两手把长袍架起，眯起眼睛，弓着腰，嘴里喃喃着'小妹妹，小妹妹'……其神态酷似贾琏。"这教员对女生也很不规矩，且每星期天必去逛暗娼。实际上，逛暗娼的不止这位仁兄。

有点门路的教员则搞起"第二职业"，三年级级任，就在东单牌楼开一座澡堂，每周都拉同事们去免费洗澡。

这群教员在教书之余，从来不读书，也不备课，"因为都已教书多年，课本又不改变"。每天吃过晚饭，就到校外娱乐场所玩乐去了。

最有意思的是，当时这所小学正如火如荼地实验"引起动机"的教学法：教师上课时，先从另一件事物导入，慢慢引起学生学习课文的动机。可是，实验一阵后，学生摸透了教师的把戏，故意不配合，不管教师如何引导，他们偏偏不往设定的方向走。有一次，事务员赵松告诉孙犁学校某老师上课的过程。这篇课文大概写的是一头公鸡，老师便先问：

"早晨你们常听见什么叫唤呀？"

"鸟叫。"学生们回答。

老师一听有门，很高兴，又问：

"什么鸟叫啊？"

"乌鸦。"

"没有听到别的叫声吗？"

"听到了，麻雀。"

看了这一小段近乎恶搞的"课堂实录"，我不禁莞尔：历史何其相似。今天我们也轰轰烈烈搞课程改革，有些学校的所谓改革，大概与80年前孙犁听到的课堂差不多吧。但相似的东西岂止这一点？有时候，我不得不怀疑，80年前北平象鼻子中坑小学里的那些校长和教员，并没有被岁月的大浪卷走，他们依然活跃在大大小小的校园里……

可想而知，如此环境，标准"文青"孙犁是无法适应的，他深感着寂寞苦闷。孙犁偶尔也跟赵松一同到娱乐场所玩一趟，回来后便忏悔。但更痛苦的是，年轻的孙犁，在这里看不到任何希望，他写道：

每逢晚饭之后，我到我的房后面的操场上去。那里没有一个人，我坐在双杠上，眼望着周围灰色的墙，和一尘不染的天空，感到绝望。我想离开这里，到什么地方去呢？

未来就像学校四周的围墙，灰暗，无路可走。

熬过了一年后，孙犁还是决计离开这个污浊不堪的环境。孙犁宁可回乡下老家，只要有"粥喝"。

大时代下的命运转折

辞去象鼻子中坑小学事务员一职后，孙犁在家赋闲了一小段日子，1936年暑假后，经昔日中学同学侯士珍、黄振宗介绍，到安新县同口完全小学当教员，教六年级语文和一年级自然。

这所小学所在的同口镇，是当地的一个大镇，地处白洋淀边。镇上有不少军阀，军阀很重视家乡教育，舍得投资，因而小学设备相当不错。孙犁住在学校的楼上，面临大街，闹中取静。当手头宽裕时，就委托附近的邮政代办所从上海购买一些新书，课余研习。闲暇时常到白洋淀边散步，"长堤垂柳，颇舒心目"。而同口小学比起之前的中坑小学，不仅办学条件不同，学校气氛也完全不同，学校各方面都比较规范，孙犁在这里的生活也相当惬意。1947年，参加革命多年的孙犁重返白洋淀，专门写了一篇《十年一别同口镇》的散文，叙述了同口镇从前那些小学生的家长们见了孙犁后，热情真挚地和他诉说了这十年同口镇的经历，并说明他们的孩子都是二十几岁的人了，在军队中担任各种军官。家长们十分感激孙犁对孩子们的教育。孙犁对同口镇也很留恋。

家长们的感激应该不会夸张。据当年的学生后来回忆，孙犁在同口小学，非常尽心，颇受学生爱戴。孙犁的教学也有特色，他教国文，不照本宣科，而是选择一些进步作品介绍给学生。为纪念"五四"运动，孙犁曾给学生做演讲，同时编排剧本演出。为了写好剧本，孙犁常工作到深夜，"吃凉馒头，熬小鱼，甚香"。

好景不长。1937年暑假回家，"七七"事变发生，又恰逢发大水，孙犁本想回校上课，终于不可能。由于日军侵扰，在家乡，孙犁剪去长发，扮成农民。这些日子，孙犁每天在村北堤上徘徊，满眼是茫茫水流和流离失所的难民，以及各种散勇逃兵。正当莫知所从之际，孙犁接到了侯士珍送来的一封信，从此，开始了另一条人生的道路。

讲到同口小学教师经历，不能不提及在孙犁教职生涯中乃至一生中起重大作用的一个人——侯士珍。

介绍孙犁来同口小学的侯士珍，当时任该校的教务主任，妻子也在这小学任教。侯士珍兼音乐和体操课。闲时会和同事们打小牌，很精于牌技，常常赢钱。当时的侯士珍是中共的地下党员，常在校内与一个假冒成小贩的另一位地下党员联络。有一次侯士珍的行为被学校训育主任揭发，机智的侯士珍居然先发制人，反说训育主任要陷害他。这件事后来便不了了之。

很快，热衷于政治的侯士珍参加了抗日队伍，当上了政治部主任。孙犁走上革命道路也是侯士珍介绍的。不幸，1939年部队在"整编"时，侯士珍因子虚乌有的政治问题受到审查，继而被处决。

同窗好友侯士珍的命运，引发了晚年孙犁的一番思考：

> 当时代变革之期，青年人走在前面，充当搏击风云的前锋。时代赖青年推动而前，青年亦乘时代风云冲天高举。从事政治、军事活动者，最得风气之先。但是，我们的国家，封建历史的黑暗影响，积压很重。患难相处时，大家一片天真，尚能共济，一旦有了名利权势之争，很多人就要暴露其缺点，有时就死非其命或死非其所了。热心于学术者，表现虽稍落后，但就保全身命来说，所处境地，危险还小些。

孙犁一生尝尽种种政治风雨、人情冷暖，劫难余生，此番话耐人寻味。

于写作本文过程中，我曾不止一次想，倘若不是抗战的烽火，也许孙犁会一直在长堤垂柳的白洋淀边散步下去，在安静的同口小学呆下去。多年后，同口镇多出一位勤恳的好老师，但二十世纪的中国，将失去一位风格卓异的作家，文学花园里会少了一枝清新高洁的荷花。

附录　先生教书生活

"不务正业"的好老师

——徐志摩的教书生活

1922 年，徐志摩从剑桥大学获得硕士学位，次年登上北大红楼，开始时断时续的教书生涯。

1923—1924 年任北京大学教授。1926—1930 年任光华大学教授，先后兼东吴大学法学院、大夏大学和南京中央大学教授。1930 年离开光华大学，辞去了上海和南京的职务。1931 年 2 月，应胡适邀请去北京大学英文系任教授，兼北京女子大学教授，直至同年 11 月飞机失事去世。

徐志摩仿佛一颗耀眼的流星，匆匆划过文坛。他的教学生涯，更短暂，合计只有六七年，他教过西洋诗歌、英美散文、翻译英文小说、文学批评等几门课程。但他在不少学生心中留下了深刻的印记，甚至影响了他们的一生。他的学生赵家璧、卞之琳、陈梦家、何家槐等都在他的启蒙下，走上文学之路。

"教书是没有钱的"

1927 年 1 月 7 日徐志摩给好朋友胡适一封信，谈到自己的生活处境，以及对教书职业的看法："第一种逼迫就是生活问题。我决不能长此厚颜倚赖我的父母。就为这经济不能独立，我们新近受了不少的闷气。转眼又到阴历年了，我到那里好？干什么好？曼（陆小曼——笔者注）是想回北京，她最舍不得她娘，但在北京教书是没有钱的，'晨副'我又不愿重去接手（你一定懂得我意思），生活费省是省，每月二百元总得有不是？"

这时候的徐志摩，因为和陆小曼结婚，引起父亲徐申如的不满，从此在经济上基本与徐志摩一刀两断。而陆小曼"小姐脾气"很重，又吸鸦片等，家庭开销极大。徐志摩不得不在光华大学当教授的同时，又到东吴大学、大夏大学等地兼课，课余奋力写作，以挣家用。当时教授的待遇总体较高，加上在多所学校兼课，徐志摩的收入不菲，却仍满足不了家庭的花销。不过，当时一些高校，包括北京大学，欠职员薪水是常事，徐志摩发出"教书是没有钱的"的牢骚，也情有可原。总之，为摆脱经济困境，徐志摩从 1923 年到他不幸去世前，在办刊、创作的同时，仍把教书一业，坚持了下来。

有趣的是，在教学中，徐志摩为了兼顾创作，有时也会找理由"偷懒"。他曾致信凌叔华说，今天下午有意"赖学"，借口说头疼不去上课，还开玩笑似地提醒凌叔华"可不要告诉我的上司，他知道了请我吃白眼，不是顽儿的"。可惜，他正想从容写点什么，却来了不速之客，徒然耗费了三个小时，令他苦恼不已。

诗人也是凡人，这种偶尔"开溜"的情形，哪位当老师的，不曾有过呢？

特立独行的教师

如此有些"不务正业"的徐志摩，又是风流倜傥的大诗人，他的课堂情形如何呢？不同的学生，对此有不同的看法。

徐志摩的学生许君远在《怀志摩先生》一文回忆，1925 年 10 月徐志摩在北大教书时，已主编《晨报》副刊，声誉日渐高起。但诗歌课讲得不很出色，虽然选课的人不少。不过徐志摩的谈吐十分有趣，说话无拘无束，讲到某文学家的轶事琐闻，尤其令人神往。他喜欢雪莱，关于雪莱的生平说得十分详尽。有一次，时值冬天，徐志摩穿了件紫羔青绸皮袍，架着浅黄玳瑁边眼镜，因为身材高，他总喜欢坐着，坐在讲台桌的右面。徐志摩很讲究装饰，但对于衣服并不特别珍惜：鼻涕常常抹在缎鞋上，粉笔屑扑满前襟。许君远说："这种种很能代表出他那浪漫而又清雅的个性，很能表现出他那优美可敬爱的灵魂。"

在学生赵家璧看来，徐志摩丝毫没有教授的架子，而且"充满着蓬勃的生气，活泼的思想，渊博的知识，广泛的兴趣"。他有一个习惯，每次"踏进课堂，总是把隐藏在他长袍袖底的烟蒂偷偷地吸完最后一口，向门角一丢，然后向我们打开话匣子"。他有说有笑，表情生动，动作丰富，时而用带浙江口音的普通话，时而用流利的英语，"真像是一团火，把每个同学的心都照亮了"。

这样一些不拘小节的细节，让我想起徐志摩自己形容的那样："我的笔本来是最不受羁勒的一匹野马……"

举止如此，徐志摩的教学法亦然，迥异于常人。徐志摩教英国散文、诗、小说，既没有课本，也不按部就班地上课，而是选他最欣赏的代表作品念给学生听。他一边讲作品，一边海阔天空地发挥他自己的思想，青年学生"好像跟了他去遨游天上人间，从而启发我们闯入文学艺术的广阔园地"。赵家璧说："他用他诗人的气质，企图启迪我们性灵（他常用这个词，意指 inspiration）的爆发。他确是一个具有赤子之心的好老师，给我们高声朗读济慈的《云雀歌》。"有一次他讲英国美学家沃尔特·佩特的一篇散文，居然花了整整三小时，遇到一些他认为无法用言语文字使大家理解的段落，便打住，让大家静静地思考、想象。上课时，徐志摩还经常联系自己在海外参观访问时的见闻，帮助学生加深对作品的理解，又拓展学生的视野。跟许多教授一样，徐志摩每每一堂课下来，会罗列不少参考书，让学生上图书馆自学，或上一家英国人开的书店购买。

徐志摩生前最后一个学生卞之琳在《志摩诗重读志感》中追忆：徐

志摩的上课富有诗人气质，他在课堂上讲英国浪漫派诗，特别是讲雪莱，眼睛朝着窗外，或者对着天花板，仿佛自己已沉入作诗的状态中，天马行空，"大概雪莱就是化在这一片空气里了"。晚年卞之琳仍然清楚记得，徐志摩在讲课中说过：他自己从小近视，有一天在上海配了一副近视镜，晚上抬头一看，发现满天星斗，感到无比的激动。

此外，课堂上的徐志摩不时流露出对政治天真浪漫的一面。有一回，面对中国"混乱、变态和一切标准颠倒"的局势，徐志摩表示悲观失望，随后开出了一张充满乌托邦思想的药方。他主张打破知识分子和农民的界限，打破江浙人和北方人的界限，实行"尽量的通婚"，提高民族素质，使"将来的青年男女一定可以兼有士民和农民的特长，体力和智力得到均平的发展"。他接着恳切地要求班上的女同学毕业后嫁给农民做妻子，而江浙的男生去找北方女性做对象，引得同学们哄堂大笑。赵家璧直率地问他："你提出的办法真能改造我们的国家民族吗？"徐志摩也坦率地回答："这也仅仅是我的'理想国'而已。"

教室之外的课堂

徐志摩的课堂不局限在小小的教室里。

据赵家璧回忆，1930 年春天，学生征得徐志摩的同意，逢他上课时，就把课堂改在光华大学校园内的一座古墓前。墓前刚好有棵古槐树。上课时，徐志摩身靠古槐，学生则分坐于树荫下两旁的石条上。头顶是满天的绿叶，小鸟儿在鸣唱。徐志摩给学生朗诵赫德逊的作品《绿色大厦》和《鸟与人》，又介绍泰戈尔是如何喜爱赫德逊的作品的。最后徐志摩感慨万分地说："你们假若能去泰戈尔创办的那所国际大学，住上一星期，你们才会感到宇宙万物的可爱。我们要回到自然界去，这世界实在太脏了，什么地方都是丑的。"诸如此类不满现状的情绪，诗人在讲课过程不时有所吐露。而他这种回归自然、逃避现实的观念，也熏陶着学生。

课堂之外，徐志摩通过多种途径，打开学生的艺术视野。他曾鼓励学生去聆听上海工部局交响乐团每周演出的西洋古典音乐。有一年冬天的早上，还亲自带领学生到中社参观美术展览会，在每一幅画前，告诉学生原作的思想和作风，原画的馆藏，原画和临摹的不同处。其中有一幅画，画一个裸体的妇人，一手提着壶，一手放在飞泻的泉水里，徐志摩就问大家看到了这一幅画后，是否自己的手掌里也有一种流水的感觉。大家先是很惊异，随后马上涌起这种感觉。

在徐志摩看来，一个人要能真正欣赏西洋文学，就得对西洋绘画和古典音乐有相当的了解，这是一条大道的两个旁支。研究文学，不应放弃这两位文学的姊妹——绘画与音乐，前者是空间的艺术，后者是时间的艺术，它们"同样是触动着性灵而发的"。

徐志摩的诗歌教学，强调把诗歌与音乐等艺术打成一片，这种做法对于帮助学生理解现代诗歌的精髓，应该是非常有益的。

"像师生，又像兄弟"

徐志摩去世后，胡适说："这十几天里，常有朋友到家里来谈志摩，谈起来常常有人痛哭……志摩所以能使朋友这样哀念他，只是因为他的为人整个的只是一团同情心，只是一团爱。"几十年后，卞之琳说："徐志摩交游极广。他对人热诚，不管是九流三教。"

在友人和学生的眼中，徐志摩具有一颗"天真的赤子之心""同情心"。这样的人，是最适合当教师的。人有赤子之心，则真诚可亲；有同情心，则宽容体谅。

在呵护和引导年轻学子方面，徐志摩不遗余力。1927 年赵家璧还在光华附中念书，主编学生自治会校刊《晨曦季刊》，在那里发表了几篇介绍荷马、王尔德等作品的文章，又在大学的周刊上发表过拜伦、济慈和但丁的读书札记，引起徐志摩的注意。一天，徐志摩通过别人把赵家璧叫到大学教员休息室去谈话。交谈中，赵家璧连连发问，徐志摩总是用娓娓动听的话语回答、启发，介绍他阅读相关的著作。后来赵家璧顺利考上光华大学，正式成为徐志摩的学生。大学期间，赵家璧半工半读，在良友图书公司编一个学生刊物。但随着国家民族危机迫近，原本有志于西洋文学研究的赵家璧坐不住了。徐志摩屡次劝告他，不宜过早地参加社会工作，先好好读些书，等大学毕业了，再去牛津或剑桥深造。

有一阶段，赵家璧为解决经济困窘，在"良友"编了一套袖珍本的小丛书——《一角丛书》，曾大胆向徐志摩约稿。徐志摩把一篇重要的演讲稿给他，但字数不够，徐志摩答应另写一篇散文补上。徐志摩还介绍他的两位学生陈梦家、何家槐的作品给赵家璧。

毕业后，赵家璧结婚，徐志摩送去一本羊皮面装帧的、一寸多厚的牛津版《哈代短篇小说集》作为礼物。

另一个学生何家槐受过徐志摩的帮助更多。大冬天，何家槐常常上徐志摩家，师生俩坐在熊熊的火炉旁，"像师生，又像兄弟"，无所不谈。这时候，徐志摩总"逼迫"何家槐要学好英文，多写小说。徐志摩感觉何家槐太内向太忧郁，就兄长似地温和劝告他多结交朋友，"正当花时的青年，还不应该像花草一样的新鲜吗？"有时太迟了便挽留何家槐在家吃饭。

一次，何家槐患了眼病，必须动手术，可是在农村的父母，为筹学费已一贫如洗，哪来这笔钱呢。徐志摩知道后，当即命令何家槐去医院做手术，由他负担一切费用，还批评何家槐："下次客气话不准再说了，况且我并没有帮你什么忙。只要你诚诚心心把我当一个老阿哥看，我就快活……"说完，马上给何家槐钱，让他上医院。见何家槐不肯走，徐志摩强行拉起来，送出门外，一边交代要住二等病房，干净些，钱不够尽管打电话来。过了两天，徐志摩还写信到医院，询问病情。

还有一次，少不经事的何家槐到徐志摩家，刚好没人。无聊中，就乱翻抽屉，看了徐志摩的私信。过几天再去，徐志摩非常严肃地责问他：

"家槐，你为什么看我的私信？你知道这是犯法的，许多夫妻竟因此离异。"见何家槐默不作声，怕他太难堪，转而很温柔地说："不过我是不要紧的，你千万不要介意。"

徐志摩逝世第二年，何家槐写下长文《怀志摩先生》，追忆了这段深厚的师生情。之后五年内，何家槐接连出版了小说集《暧昧》等五部作品，成为文坛上的一颗新星。

至于赵家璧，后来也成为一名杰出的编辑出版家、作家和翻译家。徐志摩死后，赵家璧协助陆小曼编辑《徐志摩全集》，并且在其后几十年，为全集的出版竭尽全力。

结　语

在为撰写本文而翻阅资料的过程中，一个问号不时跳出脑海：像徐志摩这样放浪不羁、自由散漫的诗人，能教好书吗？即使有当教师的天分和才干，他嫌工资低，"逃课"干私活，按今天标准，简直算得上"问题教师"。徐志摩生前好友胡适和梁实秋，对他的教学水平也似乎不特别赞赏。1931年暑假，北大评选"研究教授"（研究教授也叫"基金教授"，薪金在教授中是最高的，且保证不拖欠），徐志摩也名列其中。评选上的当日，胡适在日记中说："志摩之与选，也颇勉强。便平心论之，文学一门中，志摩当然可与此选。"梁先生则在《关于徐志摩》一文说："他（徐志摩）在光华大学也教一点书，但他不是职业的教师，他是一个浪漫的自由主义者。"

而在更多人看来，徐志摩是诗人、散文家，当然也可以是编辑出版家。但在我的眼里，徐志摩还是个教师，好教师。也许徐志摩把教师一业仅仅视为"稻粱谋"，未曾真正喜欢过这职业，但这又何妨呢？

先生当年｜教育的陈年旧事

后　记

这是一本轻松的书，您可以在茶余饭后、车上枕上随意翻翻，三五分钟就看完一篇。如果其中的某篇故事触动了您，引您会心一笑，或叹息一声，便是我的目的。

对民国的兴趣，早已有之。上世纪八十年代末，念大学一年级时，梁实秋先生的作品刚在大陆解禁，我竟豪气十足地花了27元买下一套《梁实秋散文》。当时，家里每月寄来的生活费是40元。

2000年左右，两位学者的名字进入我的阅读视野，一是傅国涌，一是谢泳。他们的书，使我对民国时代的知识分子群体有了基本的认识，同时对民国教育产生了浓厚的兴趣。

2011年，参加福建省名师培训，在导师鲍道宏教授的指导下，我开始研读叶圣陶。随后，出版了《叶圣陶教育演讲》一书，接着在华东师范大学出版社出版了"民国名家三部曲"（《民国名家谈作文之道》《为幸福的人生——民国名家对话中小学生》《过去的课堂——民国名家教育回忆》）。这几本小书的出版，是我做民国教育研究的起步。

为编书，我翻阅了大量的民国教育史料、名家的自传及其同代人相关的回忆文章。其间，一些跟教育有关的人与事，虽不免琐碎，但读来竟颇让人提神，也令人感叹、回味。这些感触，在跟友人闲聊时，常常不自觉流露出来。"说者无意，听者有心"，华东师范大学出版社的朱永通君建议我把这些读书心得随手整理成文，以免"船过水无痕"。于是乎，边读边写，前后四年，积下十几万文字。

"读书心得"送交出版社后，我却又顾虑起来。总以为这些陈年故事，固然有趣，奈何自己人笨笔拙，既不能再现原作的神采，更无力深掘史料的底蕴，粗浅的文章必见笑于大方之家。朋友们安慰道：未必，在专家看来，或许粗浅，但对于普通读者，却恰到好处；如果怕丑不拿出来"示众"，那些有启发价值的史料将继续埋没于尘埃中，岂不可惜？

朋友的话减轻了我的顾虑。又一想，书中绝大多数的史料，并非道听途说或"二手货"，对读者或许还有新鲜感。况且，当年的人与事，对今天的教育，也是一种借鉴。思来想去，便渐渐地心安了。

读什么书，等于跟什么样的人在一起。这些年专注于民国人物的阅读，我仿佛穿越时空，回到半个多世纪之前，和一群智者相处相知，眼见他们在大时代的浪潮中起起伏伏，感受着他们的悲悲喜喜。他们的一言一行，感染着我，滋养着我。有一天，我突然发现自己身上的很多东西不知不觉间改变了，比如生死观、价值观、教育观、人生态度等。至于民国时代的那些教育细节，它给我的启示就更多了。所有这一切，都是我在读、编、写过程中获得的"奖励"，也是任何课堂和其他书籍所不能给予我的。著名学者傅国涌先生在为拙作写的序中说："一个时代的教育如果孕育出了姿态各异、生龙活虎般的各样人物，那个时代的教育就值得我们反复回望、致敬。……这本系列笔记，不仅是对那些先生的致敬，更是对一个时代的致敬。"这话，道出了我的心声。

书中涉及的少数人物，其职业不是教师，但都有过一段或长或短的教书经历，比如瞿秋白、冰心、沈从文等，而他们的"旧事"更与教育有着千丝万缕的联系。

书后附录两篇民国名家的"教书记"，目的是为我的下一本书（暂名《他们竟然这样当老师——民国名家的教书生活》）打个小广告，希望读者诸君继续支持。

感谢傅国涌先生为拙作撰写序言。傅先生在百忙中，一月间多次回复邮件，告知写序的进程，他担心耽误了书的出版日期。其情甚为可感。从傅先生身上，我学到了做学问与做人的态度。我的朋友朱煜也放下手头繁杂的事务，为此书写下一篇"热气腾腾"（我的小同事孙佳佳的评语）的序。

感谢策划编辑朱永通先生，他是这本小书的"催产婆"。感谢审读编辑齐凤楠，她以一贯的专业精神，努力把书做出高品质。

王木春

2016.10 于福建东山岛

后记